PEKING UND SHANDONG

PEKING UND SHANDONG

THOMAS GWINNER
ZHENHUAN ZHANG

Originalrezepte und Interessantes
über Land und Leute
Rezeptfotos: Michael Brauner

Gemeinschaft Unabhängiger Staaten

Mongolei

Xinjiang

Innere Mongolei

Heilongjiang

Jilin

Liaoning

Nord-korea

Süd-korea

Japan

Qinghai

Ningxia

Gelber Fluß

Shanxi

(Huang He)

Hebei

Peking

Tianjin

Gelber Fluß

Shan-dong

Gansu

Henan

Jiangsu

Shanghai

Tibet

Yangtse

Shaanxi

Sichuan

(Chang Jiang)

Hubei

Anhui

Zhejiang

Yangtse

Nepal

Bhutan

Hunan

Jiangxi

Fujian

Taiwan

Indien

Bangla desch

Yunnan

Guizhou

Guangxi

Guangdong

Kanton-Stadt
(Guangzhou)

Hong Kong

Myanmar

Vietnam

Laos

Thai land

Hainan

Philippinen

0 250 500 km

INHALT

Peking und Shandong: erleben und genießen — 7

Land und Leute laden ein ... — 9

Die Hauptstadt Peking — 10
Die Nordchinesische Tiefebene — 12
Das Lößbergland — 14
Küche und Weltanschauung — 16
Von der Shandonger Küche zum Pekinger Kaiserhof — 18
»Weiße Jade in Goldfassung«
oder Die Nomenklatur chinesischer Speisen — 20
Alltägliches und Festliches — 22
Die chinesische Trinkkultur — 24

Rezepte — 27

Kalte Vorspeisen — 27
Geflügel, Lamm, Rind und Schwein — 41
Fisch und Meeresfrüchte — 79
Vegetarische Gerichte — 93
Suppen — 109
Teigwaren — 119
Süßes — 129

Typische Speisenkombinationen — 138
Glossar — 140
Rezept- und Sachregister — 143

PEKING UND SHANDONG: ERLEBEN UND GENIESSEN

I m Norden Chinas liegt der Ursprung des Reiches der Mitte, eines Landes, das durch seine immense Größe starke Gegensätze aufweist. Der Norden unterscheidet sich so sehr vom Süden, daß sogar von zwei verschiedenen Kulturkreisen gesprochen werden kann, der »Blauen

Kultur« des Südens und der »Gelben Kultur« des Nordens. Die Kultur des Südens gilt als vom Meer geprägt, als weltoffen, üppig und mild. Die Kultur des Nordens dagegen entwickelte sich unter dem Einfluß des rauhen Klimas in den nördlichen Provinzen. Sie wird als verschlossen, gradlinig, karg und streng empfunden. Selbst die traditionelle Landschaftsmalerei und das Theater spiegeln diese unterschiedlichen Eigenschaften wider. Kein Wunder, denn im Gegensatz zum milden Klima des Südens herrschen in Nordchina im Winter oft Temperaturen von minus 15-20 Grad. Sandstürme sind keine Seltenheit, Dürre und Überschwemmungen wechselten einander jahrhundertelang ab und sind erst jüngst durch Flußregulierungen und den Bau von Dämmen einigermaßen gebändigt worden. Bodenerosion bedroht seit jeher die Ernte auf den Lößterrassen im Umland des Gelben Flusses, wo Bauernfamilien noch häufig in Lehmhöhlen leben. Diese rauhen Naturbedingungen beeinflussen natürlich auch die Menschen in Nordchina. In den anderen Landesteilen gelten sie als bodenständig, konservativ und verläßlich; angeblich besitzen sie jedoch nicht die hohe Flexibilität der Kantonesen und die Cleverness der Shanghaier.

Da die Menschen des Nordens durch das Klima und die damit verbundenen Lebensumstände nicht gerade verwöhnt wurden, war Essen in dieser Gegend immer eine Quelle der Lebensfreude. Auf die Liebe zum guten Essen lassen schon die vielen poetischen Namen schließen, die sich die Menschen auch für die einfachsten Gerichte ausgedacht haben. Selbst schlichte Zutaten wurden so »geadelt«, und durch die unvergleich-

liche Kunst chinesischer Köche, sie harmonisch aufeinander abzustimmen, entstanden im Norden seit alter Zeit die köstlichsten Gerichte. Die berühmtesten Küchen des Nordens sind die Peking- und die Shandongküche, weshalb wir diesen Kochstilen das ganze Buch gewidmet haben. Sie werden jedoch nicht nur in der Hauptstadt und der Provinz Shandong gepflegt, sondern neben weniger berühmten regionalen Küchentraditionen auch in den meisten nördlichen Provinzen, auf die wir deshalb auch im ersten Kapitel über Land und Leute eingegangen sind. Begleiten Sie uns auf der faszinierenden Reise durch den nördlichen, »gelben« Teil des Reiches der Mitte. Lernen Sie seine Sehenswürdigkeiten, seine Landschaften, seine Traditionen und die Geheimnisse seiner Küche kennen. Überzeugen Sie sich dann in den anschließenden Rezeptkapiteln von der Köstlichkeit der Gerichte, die exklusiv für dieses Buch fotografiert wurden. Alle Gerichte sind durch die genauen Schritt-für-Schritt-Beschreibungen leicht nachzukochen. Tips, Kurzinformationen über wichtige Produkte der nordchinesischen Küche und Varianten runden den Rezeptteil ab. Ein ausführliches Glossar am Ende des Buches erklärt Ihnen wichtige Zutaten, Garmethoden und Küchenutensilien. Die darauffolgenden Speisenkombinationen helfen Ihnen, einen original nordchinesischen Abend zu gestalten.

LAND & LEUTE LADEN EIN...

Aus den nördlichen Provinzen Chinas haben wir für dieses Buch diejenigen ausgewählt, in denen überwiegend nach den Küchenstilen Pekings und Shandongs gekocht wird. Da ist einmal die Nordchinesische Ebene mit den Provinzen Henan, Hebei und Shandong sowie das sich anschließende Lößbergland der Provinzen Shanxi und Shaanxi. Diese Provinzen erzeugen nicht nur die gleichen landwirtschaftlichen Produkte, sondern lehnen sich auch im Kochstil sehr an die Peking- und Shandong-Küche an. Die Nordchinesische Tiefebene dehnt sich am Unterlauf des Huang He, des Gelben Flusses, aus. Dieser Fluß veränderte in der Vergangenheit häufig seinen Lauf, durchbrach dabei die Deiche und verursachte immer wieder große Naturkatastrophen. Auch heute noch »schluckt« der Gelbe Fluß regelmäßig wertvolle, fruchtbare Erde. Auf der anderen Seite verdankt ihm die Region durch den Schwemmlöß, den er mitführt und ablagert, die große Fruchtbarkeit ihres Bodens. Das Klima in Nordchina ist zu rauh für den Reisanbau, doch auf den Ebenen des Gelben Flusses und den Tälern und Becken des ausgedehnten Lößgebietes in den Provinzen Shanxi und Shaanxi wird seit Jahrtausenden auf niedrigen Terrassen Winterweizen angebaut. Auch Mais, Hirse, Gerste und andere Getreidesorten kommen aus dem Norden Chinas ebenso wie Gemüse, allen voran Chinakohl, Lauch, Knoblauch und Paprika. So ist die Nordchinesische Ebene eines der wichtigsten landwirtschaftlichen Gebiete. Sie besitzt mit der Hafenstadt Tianjin und der Hauptstadt Peking auch wichtige Industrie- und Verwaltungszentren.

Peking ist auch das kulinarische Zentrum des Nordens. Sein berühmter Kochstil entwickelte sich unter vielen Einflüssen. Denn der Kaiserhof zog Menschen aus allen Landesteilen an, und durch die Nähe zu den großen Steppen stand die Küche der Stadt auch unter dem Einfluß der Nomadenvölker. Die Provinz Shandong verfügt nicht nur über eine lange Küste am Gelben Meer, sondern auch über ausgedehnte Bergregionen. So hatten die Köche und Köchinnen dieser Provinz schon seit jeher die Wahl zwischen Spezialitäten aus Fisch- und Meeresfrüchten oder aromatischen Pilz- und Wildgerichten. Die Shandonger Küche, die älter als die Küche Pekings ist, hat sich unabhängiger, selbständiger entwickelt. Sie hatte dabei einen so guten Ruf, daß sich viele Ming-Kaiser berühmte Köche aus dieser Provinz an den Hof holten, wo sie die kräftige, eher deftige Küche verfeinerten. Heute weisen beide Kochstile viele Gemeinsamkeiten auf, und ihre köstlichen Spezialitäten werden im ganzen Land geschätzt.

Die Peking-Oper repräsentiert die bekannteste Stilrichtung der chinesischen Oper. Die Akteure sind kunstvoll geschminkt, ihre Gesten festgelegt. Um so wichtiger sind Körpersprache und Vortragsweisen bei ihrer Darbietung.

Die Hauptstadt Peking

Peking oder »Beijing«, wie die Stadt in der Pinyin-Umschrift geschrieben wird, wurde zum erstenmal unter dem Volksstamm der Kitan im 10. Jahrhundert Hauptstadt. Damals hieß sie noch Dadu, was Große Hauptstadt bedeutet. Den Namen Peking erhielt die Stadt erst im Jahre 1421, als unter der Ming-Dynastie der Regierungssitz von Nanking (bedeutet Südliche Hauptstadt) nach Peking (heißt Nördliche Hauptstadt) verlegt wurde. Mit der Verlegung des Machtzentrums in den Norden, in die weitab, am Rande der Steppe gelegene Stadt, und dem Ausbau der Großen Mauer hoffte der Ming-Kaiser Yongle, das Reich besser gegen die ständige Bedrohung durch mongolische Stämme aus dem Norden schützen zu können. Die »Verbotene Stadt« entstand ebenfalls in dieser frühen Zeit. Hinter dem so geheimnisvoll klingenden Namen »Verbotene Stadt« verbirgt sich der Kaiserpalast, ein ganzer Bezirk mit Palästen, Toren und Hallen, der ausschließlich der kaiserlichen Familie, den Großwürdenträgern und dem Hofstaat zugänglich war. Jeder Unbefugte, der sich hinter die hohen roten Mauern des Kaiserpalastes gewagt hätte, wäre

sofort mit dem Tod bestraft worden. Erst nach der Revolution von 1911 wurde um die Verbotene Stadt ein Straßennetz angelegt und die »Stadt in der Stadt« in das Pekinger Leben integriert.

Nach dem Zweiten Weltkrieg begann sich Pekings Stadtbild richtig zu verändern. Mit Hilfe der ehemaligen Sowjetunion verwandelten die Kommunisten das kaiserliche Peking in eine typisch sozialistische Metropole. Fabriken, riesige Mietshäuser, Bürotürme und neo-klassizistische Repräsentativbauten schossen überall aus dem Boden, und nicht selten fielen ihnen die historischen Bauten zum Opfer. Glücklicherweise blieben die Kaiserresidenz, der Himmelstempel und der Sommerpalast mit dem sich anschließenden Beihai-Park vom allgemeinen Abriß-Eifer verschont. Als typische Repräsentativbauten kamen zum Beispiel die Große Halle des Volkes und das Museum der Chinesischen Revolution auf dem Tiananmen, dem Platz des Himmlischen Friedens, dazu. Um diesen Platz im Herzen Pekings herum herrscht bei Tag und Nacht reges Leben. In warmen Sommernächten entfliehen viele Anwohner der meist stickigen Enge ihrer Wohnungen und vertreiben sich die Zeit mit einem Schwätzchen oder mit Kartenspielen. Denn Wohnraum ist wie in allen Städten auch in der Hauptstadt sehr knapp.

Auch aus diesem Grund, vor allem aber wegen ihrer zentralen Lage, müssen die typischen eingeschossigen Hofhäuser Pekings immer häufiger Geschäftsbauten weichen. Die Hofhäuser sind von der Straße aus nur durch einen schmalen Durchgang in der Mauer erreichbar. Meist liegen etwa sechs Häuser um

einen Hof, in dessen Mitte Bäume Schatten spenden, Blumen und Gemüse gedeihen, Hühner und Enten herumflattern. Noch vor wenigen Jahrzehnten lebte der Großteil der Bevölkerung in solchen Häusern.

Heute sind die meisten Bewohner der Hofhäuser nicht einmal unglücklich, wenn sie ihr Zuhause mit einer der modernen Wohnungen in einer der vielen gleichaussehenden Betonburgen am Stadtrand tauschen müssen. Denn die Menschen finden es absolut nicht »romantisch«, ohne Wasser, Strom und sanitäre Anlagen auskommen zu müssen, die ihnen dafür in den modernen Appartements geboten werden.

Um die Stadt zu erkunden, sollten Sie sich am besten ein Fahrrad mieten und sich in das unglaubliche Gewirr aus Autos, Lastwagen, Taxis, Bussen und den Millionen Fahrradfahrern einreihen. Nur Mut, es sieht chaotischer aus als es ist, denn es werden nur scheinbar keine Verkehrsregeln eingehalten. Mit dem Fahrrad kommen Sie sicher und unkompliziert zu den meisten der zahlreichen Sehenswürdigkeiten der

Stadt. Nur für den etwas außerhalb gelegenen Sommerpalast sollten Sie einen knappen Tagesausflug einplanen. Um die Stärkung unterwegs brauchen Sie sich keine Sorgen zu machen – von den zahlreichen kleinen Garküchen in den Straßen bis hin zu bekannten Restaurants, von bunten Märkten bis hin zu einer für chinesische Verhältnisse erstaunlich großen Auswahl an Waren in den Läden finden Sie die verführerischsten kulinarischen Köstlichkeiten!

Im Süden der Verbotenen Stadt, der ehemaligen kaiserlichen Palastanlage, steht die Halle der Höchsten Harmonie, in der der Kaiser früher Audienzen abhielt.

Das Fahrrad ist immer noch das Hauptverkehrsmittel in ganz China, so auch in Peking.

Die Nordchinesische Tiefebene

In dieser Region am Unterlauf des Huang He, des Gelben Flusses, liegen die drei Provinzen Hebei, Henan und Shandong. Die archäologischen Funde in dieser Gegend belegen, daß von der Nordchinesischen Tiefebene und dem im Westen angrenzenden Lößbergland die chinesische Hochkultur ihren Ausgang nahm. Schon Mitte des 2. Jahrhunderts v. Chr. bildete sich dort der erste in China historisch belegte Staat heraus.

Die Provinz Hebei

Diese Provinz umschließt sowohl die Hauptstadt Peking als auch die wirtschaftlich wichtige Hafenstadt Tianjin, die beide selbst Provinzstatus besitzen. Zu den reizvollsten Sehenswürdigkeiten der Gegend gehört die ehemalige Kaiserresidenz am Nordrand der Stadt Chengde, die etwa 250 km nordöstlich von Peking liegt. Früher eine verschlafene Provinzstadt, erlebte sie ihre

große Verwandlung, als Kaiser Kangxi dort 1703–1711 einen prachtvollen Sommerpalast errichten ließ. Hier sind noch heute der Thronsaal, die Halle der Proklamation und die kaiserlichen Gemächer zu bewundern, die malerisch zwischen knorrigen alten Kiefern stehen. Die Stadt selbst ist eine typische nordchinesische Industriestadt mit Fabriken und Bergwerken. In den Straßen beginnt wie überall in China das Leben schon sehr früh am Morgen. Auf dem Markt werden lautstark die frischen Waren angeboten, vor allem, zu riesigen Türmen aufgebaut, Chinakohl. Etwa 300 km östlich von Peking liegt die Küstenstadt Beidaihe, ein beliebter Urlaubsort. Nicht weit von dieser Stadt endet die Große Mauer. Die Anfänge der als Verteidigungswall gegen eindringende Stämme aus dem Norden gebauten Mauer gehen bis in die Mitte des 1. Jahrtausends v. Chr. zurück. Über die Jahrhunderte hinweg wurde sie immer wieder erweitert, zerstört, wieder aufgebaut und erneut erweitert. Am besten ist noch der Abschnitt bei Badaling (etwa 85 km nordöstlich von Peking) erhalten. Allerdings sollten sie sehr früh aufstehen, um den Ausblick von den mächtigen Wällen aus in Ruhe genießen zu können. Schon am frühen Vormittag beginnt es hier nämlich von Touristen zu wimmeln, unter die sich eine lebhafte Schar von Souvenirhändlern, Fotografen und Getränkeverkäufern mischt.

Die Provinz Henan

In der fruchtbaren Ebene südlich des Gelben Flusses liegt Kaifeng, eine der alten Kaiserstädte Chinas. Mit ihren holzverzierten Hausfassaden und schmalen Altstadtgassen, in denen heute wie vor hunderten von Jahren in Läden, auf den Märkten und an Straßenständen Handel und Gewerbe blühen, hat sie viel von ihrem traditionellen Charakter bewahrt.
Eine Sehenswürdigkeit, an der Sie nicht vorbeifahren sollten, liegt auf dem Songshan-Gebirgszug: das Shaolin-Kloster, das durch zahlreiche Filme in der ganzen Welt berühmt wurde. Der Gründungsvater des »Chan«-Buddhismus (besser bekannt unter der japanischen Aussprache »Zen«) entwickelte verschiedene Kampfstellungen und Bewegungsabläufe, um für die Mönche einen Ausgleich zur regungslosen Meditation zu schaffen. Daraus entstand die Kunst der Selbstverteidigung, die Kung Fu oder Shaolin-Boxen genannt wird.

Die Provinz Shandong

In dieser Provinz, die für ihre fruchtbare, reizvolle Landschaft berühmt ist, wurde der große Gelehrte Konfuzius (551–479 v. Chr.) geboren. Der Konfu-

zius-Tempel in der Stadt Qufu, der ihm zu Ehren zwischen dem 16. und 18. Jahrhundert errichtet wurde, ist von ganz besonders prachtvoller Ausstattung.
Zu Lebzeiten fand Konfuzius keine rechte Anerkennung, erst die westliche Han-Dynastie (206 v. Chr.–9 n. Chr.) erhob seine Lehren zur Staatsdoktrin, die 2000 Jahre lang die ethische Grundlage der chinesischen Gesellschaft bildete. Der Mensch, so die Lehre, sollte sein Verhalten beherrschen, Tugend erstreben und sich um Menschlichkeit und Redlichkeit bemühen. So kann er ein edler Mensch sein, egal welchem sozialen Stand er angehört. Er muß sich nur an seine gute Gesinnung und an das als natürlich eingestufte System der »Fünf Beziehungen« halten. Danach ist der Untertan dem Herrscher untergeordnet, die Kinder den Eltern, die Ehefrau dem Ehemann, der jüngere Bruder dem älteren Bruder und der jüngere Freund dem älteren Freund. Eine Lehre, die den konservativen Werten sehr entgegenkam und die Machtstrukturen des Kaiserreichs nicht antastete, im Gegenteil, sie sogar bestätigte. Von Mao Zedong wurde sie gründlich verworfen, sie war aber nie auszulöschen. Nach der Kuturrevolution wurde sie in den achtziger Jahren sogar rehabilitiert.

Die Küstenstadt Beidaihe am Gelben Meer besitzt einen 10 km langen Badestrand und ist als Kur- und Ferienort sehr beliebt.

Der Puning-Tempel bei der Stadt Chengde wurde 1755 erbaut. Dort leben und praktizieren noch heute lamaistische Mönche.

Das Lößbergland

Shaanxi

Die Stadt Xi'an ist eine der bedeutendsten alten Kaiserstädte Chinas. Ihre Blütezeit hatte sie unter der Tang-Dynastie (618-906). Hier begann die berühmte »Seidenstraße«, jener sagenumwobene Karawanenweg, auf dem Seide nach Westen und Gold, Silber und Wollstoffe nach Osten transportiert wurden. Erst mit dem Sturz der Tang-Dynastie verlor die Stadt an Bedeutung. In der ehemaligen Kaiserstadt haben sich viele unterschiedliche religiöse Bauten erhalten. Kleine Gassen voller Lädchen und Stände führen beispielsweise zur großen Moschee. Die männlichen Hui, wie Chinas Moslems genannt werden, erkennt man an den weißen Kappen und ihrem Bart sofort. Etwa 30 000 sollen heute noch hier, meist rund um die Moschee, leben. Besonders abends, wenn der verführerische Duft von gegrillten Lammspießchen durch die Gassen zieht und die Nudelmacher den Teig durch die Luft schwingen,

präsentiert Xi'an sein lebendigstes und vielleicht reizvollstes Gesicht.

In der Stadt finden sich noch weitere religiöse Zentren, buddhistische, lamaistische und daoistische Tempel, die alle von dem kosmopolitischen Charakter des alten Xi'an zeugen. Doch auch heute sind hier wieder, wie in fast allen Landesteilen Chinas, Religionsausübungen möglich.

Nordwestlich der Stadt, am Nordufer des Flusses Wei, eines Nebenflusses des Huang He, lag vermutlich die Residenz des ersten Kaisers Qin Shi Huangdi. Von den in alten Schriften erwähnten Prachbauten ist nichts erhalten geblieben, aber die Ausgrabungen in der Grabanlage des ersten Kaisers haben 1974 seine riesige, inzwischen weltberühmte Terrakotta-Armee freigelegt.

Die nördliche Hälfte der Provinz Shaanxi wird vom Lößplateau eingenommen. Vor Urzeiten müssen dies einmal fast ebene, aus dicken Lößböden bestehende Hochflächen gewesen sein. Die Erosion hat im Laufe der Jahrhunderte Täler von unterschiedlichster Größe und Gestalt ausgewaschen, denn der kostbare Regen spült den Quarzsand fort. Mitten in der bizarr geformten Landschaft, 270 km nördlich der Hauptstadt Xi'an, liegt Yan'an. Der Name der Kleinstadt ist beinahe zum Synonym für die kommunistische Bewegung geworden. Denn in dieser abgelegenen armen Gegend baute die Rote Armee am Ende des »Langen Marsches«, einer ständigen Flucht vor der Nationalregierung unter Chiang Kai-shek, einen Stützpunkt auf, von dem aus die Machtergreifung vorbereitet wurde. Fast alle bedeutenden Führer der Partei und der Armee

Auf dem Wutai-Berg befinden sich zahlreiche Tempelanlagen, die von buddhistischen Mönchen gepflegt werden.

lebten damals in den Lößhöhlen-Woh-
nungen von Yan'an.
In einem Land, wo Wohnraum nur
spärlich vorhanden ist, bilden Höhlen-
wohnungen im Lößplateau noch heute
für viele Bauernfamilien eine Unter-
kunft. Sie sind, wie viele Häuser auch,
mit dem für Nordchina typischen
»Kang« ausgestattet, einem von innen
wie ein Ofen beheizbaren Bett aus
Lehmziegeln, das tagsüber auch als
Sitzgelegenheit dient.

Shanxi

In dieser Provinz befinden sich zwei der
bedeutendsten buddhistischen Sehenswürdigkeiten Chinas, die Yungang-
Grotten und der Wutai-Shan, ein heili-
ger Berg.
Der Buddhismus verbreitete sich vom
1. Jahrhundert n. Chr. an in China und
existierte meist gleichberechtigt neben
Daoismus und Konfuzianismus.
Die Yungang-Grotten sind in den
Südhang des Wuzhou-Bergzuges in

den Sandstein gehauen. Die zwischen 453 und 495 entstandenen
Höhlen verteilen sich über einen
Hangabschnitt von mehr als 1000 m
Länge.
15 000 Statuen und Reliefs sind in über
53 Grotten bis heute erhalten geblieben. Auch wenn es einmal doppelt so
viele gewesen sein sollen – die Anlage
ist trotz einiger Witterungsschäden
atemberaubend, und Sie sollten es
nicht versäumen, sie anzuschauen.
Der mächtige Wutai-Berg im Osten der
Provinz Shanxi liegt 240 km von der
Provinzhauptstadt Taiyuan entfernt.
Über die Gipfel des heiligen Berges sind
Tempelanlagen verteilt, die sich harmonisch in die Landschaft einpassen.
Die größte Bedeutung erlangte der
Berg in der Tang-Zeit (618-906), als
buddhistische Pilger sogar aus Japan,
Indonesien und Nepal hierher wander-
ten. Einige der sehenswerten Tempel
wurden in den letzten Jahrzehnten
restauriert.

*Der größte der Buddhas in
den Yungang-Grotten ist
17 m hoch, der kleinste mißt
lediglich 2 cm.*

*Gegen die Kälte des nord-
chinesischen Winters sind
diese beiden Kinder in
ihrer dicken Kleidung gut
geschützt.*

Egal, ob in der Küche eines Restaurants oder zu Hause gekocht wird, immer ist es bei der Zubereitung eines Menüs wichtig, die fünf Geschmacksrichtungen in einem harmonischen Verhältnis zu gebrauchen.

Küche und Weltanschauung

Seit Urzeiten hat das Essen im Reich der Mitte einen großen Stellenwert. Vielleicht kommt es daher, daß es in China nie einen Überfluß an Nahrung gab – ausgenommen natürlich am Hofe des Kaisers. Das chinesische Volk führte jedoch immer einen Kampf gegen Dürre und Überschwemmungen, die abwechselnd die Ernte bedrohten. In Nordchina war es vor allem ein Kampf gegen den Gelben Fluß um den fruchtbaren Lößboden, der immer wieder weggespült wurde.

Das Essen und seine Zubereitung wurden im Laufe der Jahrhunderte jedoch geradezu ein Ausdruck philosophischer Grundsätze. In ihrem Mittelpunkt steht die Erkenntnis der vollständigen Verbundenheit des Menschen und seines Organismus mit der Umwelt. So heißt es in einem alten chinesischen Kochbuch: »Essen und Trinken dient der Pflege des Lebens. Ist man dabei oberflächlich und willkürlich, so kann dies dem Menschen schaden … Gibt man zwar auf Essen und Trinken obacht, legt jedoch einzig auf Wohlgeschmack wert, so vermag man nicht Nutzen und Schaden der Lebensmittel abzuwägen.«

Die chinesische Küche benötigt, wie Sie schnell merken werden, keineswegs eine Vielzahl edler Ingredienzen, sondern vermag auch aus einfachen Zutaten gelungene Gerichte zu zaubern. Entscheidend ist der Einklang des Gerichtes in sich selbst und im gesamten Menü. Diese Harmonie entsteht im gelungenen Zusammenspiel und der rechten Abfolge. Für die Dualität bilden Yin und Yang das Vorbild, für die Trinität Himmel-Mensch-Erde, für den Viererzyklus die vier Jahreszeiten und für die Fünferfolge die Fünf Elemente Erde, Holz, Metall, Feuer und Wasser. Yin bezeichnete ursprünglich die Schattenseite eines Berges und steht für das

Dunkle, Passive und Weibliche. Yang bezeichnete die Sonnenseite eines Berges und steht für das Helle, Aktive und Männliche.

Die chinesische Küche berücksichtigt analog zur Fünf-Elemente-Lehre beim Kochen die fünf Geschmacksrichtungen süß, sauer, bitter, scharf und salzig, die in einem ausgewogenen Verhältnis gebraucht werden sollten. Außerdem werden alle Nahrungsmittel entsprechend ihrer Temperaturausstrahlung, also der Beschreibung des Gefühls, das eine Speise nach dem Essen im Körper hervorruft, in der traditionellen chinesischen Medizin in vier Kategorien eingeteilt: kalt, kühl, warm und heiß. Diese Temperaturausstrahlungen der Nahrungsmittel sollten in allen vier Jahreszeiten entsprechend berücksichtigt werden. So wird im Winter mehr gegrilltes oder stark angebratenes Fleisch mit scharfen Gewürzen gegessen. Im Sommer kommt dagegen leichtes, erfrischendes Essen in Form von Gemüse,

Salaten und Früchten auf den Tisch. Wenn Sie ein nach dem Yin-Yang-Prinzip ausgewogenes Menü zubereiten möchten, dann sollten jedoch, egal zu welcher Jahreszeit, immer alle fünf Geschmacksrichtungen und vier Temperaturausstrahlungen vertreten sein. In einem diätetischen Kochbuch wird es Anfang des 14. Jahrhunderts so zusammengefaßt:

»…Das beste Verfahren, den Körper zu schützen und zu nähren, besteht darin, die Mitte einzuhalten … Wenn man sich den Vier Jahreszeiten anpaßt, wenn man beim Essen und Trinken Maß hält und vorsichtig ist, wenn man nicht grundlos wacht oder schläft, wenn man mittels der Fünf Geschmacksrichtungen (süß, sauer, bitter, scharf und salzig) die Fünf Eingeweide (Herz, Leber, Milz, Lunge und Nieren) in Einklang bringt, dann werden Blut und Kräfte in reichem Maß vorhanden, der Geist gesund und froh, die Gesinnung und Gedanken ausgeglichen und fest sein…«

Viele Großstädter kaufen nicht nur Frisches auf dem Markt ein, sondern bereichern ihren Speiseplan durch abgepackte Speisen aus den Lebensmittelabteilungen der großen Kaufhäuser wie hier in Peking.

Von der Shandonger Küche zum Pekinger Kaiserhof

Wenn von nordchinesischer Kochkunst die Rede ist, dann muß im selben Atemzug die Shandonger Küche genannt werden. Typisch für sie sind kräftig gewürzte Gerichte mit viel Knoblauch, die jedoch oft durch Koriander, Ingwer oder junge Frühlingszwiebeln eine feine Geschmacksnote erhalten. An Getreide wird hauptsächlich Weizen, Sorghum (eine Hirseart), Mais und Süßkartoffeln verwendet, dagegen kaum Reis. Die häufigsten Gemüsearten sind Chinakohl, Auberginen und verschiedene Rübenarten.

Shandonger Chinakohl und Knoblauch sind in ganz China berühmt. Da die Provinz sowohl mit einer langen Küste als auch mit ausgedehnten Bergregionen gesegnet ist, finden sich in den Kochtöpfen der Provinz sowohl Fische, Meeresfrüchte und Haifischflossen als auch Wild und Pilze.
Die Kochkunst ist seit jeher ein besonders wichtiger Bestandteil der chinesischen Lebenskultur. In den politischen und wirtschaftlichen Zentren konnte sie

stets besser gefördert werden als in anderen Landesteilen. Das gilt natürlich auch für Peking, nachdem es im Jahre 1421 Hauptstadt des Reichs der Mitte wurde. Da die Shandonger Küche einen so hervorragenden Ruf hatte, holten sich viele Ming-Kaiser berühmte Köche aus Shandong an den Hof und machten sie zu ihren Chefköchen. So war auch die Vorläuferin der heute weltberühmten Peking-Ente eigentlich eine »Shandong-Ente«.
Oft wird die Pekinger Küche mit der kaiserlichen Küche gleichgesetzt. Daneben gab es aber in der Hauptstadt auch noch andere interessante Küchentraditionen. Vergleicht man die kulinarische Kunst mit einer Pyramide, dann bildet die kaiserliche Küche die Spitze. Etwas weiter unten würde dann beispielsweise die Küche der Familie Kong rangieren, der einflußreichen Nachfahren von Konfuzius. Diese Küche ähnelt in der kunstvollen Präsentation der Speisen der kaiserlichen Küche, verwendet aber weniger wertvolle Zutaten. Das gleiche gilt mit Einschränkungen für die Küche der hohen Mandarine, der mächtigen Staatsbeamten Chinas, wie zum Beispiel die der berühmten Pekinger Beamtenfamilie Tan. Darunter gibt es zahlreiche weitere Abstufungen in der nordchinesischen Kochkunst bis hin zur vielgepriesenen vegetarischen Küche einiger bekannter Tempel. Diese verschiedenen Kochstile existierten nebeneinander und beeinflußten sich gegenseitig.
Um dem Kaiser ausgefallene Sinnesgenüsse auch in kulinarischer Hinsicht zu bieten, wurden außergewöhnliche und extrem teure Zutaten wie zum Beispiel Schwalbennester und Bärentatzen zubereitet. Solche Delika-

Neben dem besonders im Winter beliebten Lamm- und Rindfleisch essen die Nordchinesen – mit Ausnahme der Moslems – auch gerne Schweinefleisch.

Chinakohl ist besonders im Winter ein wertvoller Vitaminlieferant.

tessen waren für viele sogar eine Motivation, den Kaiserthron anzustreben. So wird in einem Werk aus dem 4. Jahrhundert folgende Legende aus dem 2. Jahrtausend v. Chr. erzählt: »I Yin war im Begriff, Tang über die größten Delikatessen aufzuklären, als letzterer fragte: ›Kann ich sie kommen und bereiten lassen?‹ I Yin entgegnete: ›Euer Reich ist klein. Es ist nicht ausreichend groß, um sie bereiten zu lassen. Erst wenn Ihr Himmelssohn geworden seid, könnt Ihr sie bereiten lassen.‹« Außerdem bemühten sich die Hofköche, den Kaiser mit besonders schnell herbeigeschafften Speisen oder extrem zeitaufwendigen Gerichten zu beeindrucken. So wurde im 8. Jahrhundert für den Tang-Kaiser Ming Huang und seine Lieblingskonkubine Yang Guifei eine Art Pony-Express eingerichtet, weil beide gerne Lychees aßen. Der Express hatte ausschließlich die Aufgabe, die nur im entfernten Südchina wachsenden Früchte in halsbrecherischen Tag- und Nachtritten herbeizuschaffen. Gegen Ende der Qing-Dynastie um die Jahrhundertwende waren zahlreiche Bedienstete damit beschäftigt, für die Kaiserinwitwe Ci Xi gefüllte Bohnensprossen herzustellen. Weiter wird Ci Xi eine besondere Vorliebe für »Perlentofu« nachgesagt, ein gewiß nicht gerade preiswertes Gericht, das lediglich aus Perlen und Tofu bestand, die zusammen 49 Tage lang gekocht werden mußten. In der Regel hatte der Kaiser aber keinen großen Einfluß auf die Menügestaltung, sondern wurde jedesmal von den Palastköchen mit hundert verschiedenen Speisen überschüttet, die er unmöglich alle kosten konnte. Eunuchen zeichneten auf, was und wieviel der Kaiser aß. Dabei wurde jedes noch so kleine Anzeichen eines Unwohlseins oder einer Krankheit unverzüglich den Diätetikern und Hofärzten gemeldet, die sofort ein Medikament zusammenmixten, das der Kaiser schlucken mußte. Himmelssohn zu sein war nicht immer ein reines Vergnügen!

Die Palastlöwen in der Verbotenen Stadt waren einst Symbol für die kaiserliche Machtfülle. Gegen seine vielen Ärzte und Eunuchen, die ständig seinen Speiseplan kontrollierten, konnte sich mancher Kaiser jedoch kaum erwehren.

»Weiße Jade in Goldfassung« oder Die Nomenklatur chinesischer Speisen

Die meisten chinesischen Gerichte sind nach bestimmten Zutaten, Zubereitungsarten, einer speziellen Würze oder der lokalen Herkunft benannt. Es gibt aber auch Speisen, die ihren Namen dem Erfinder oder einer berühmten Persönlichkeit – meist auf eine Anekdote zurückgehend – verdanken. In jedem Fall ist es in Nordchina wie im ganzen Land beliebt, den Gerichten möglichst poetische Namen zu verleihen. So verbirgt sich hinter dem klangvollen Namen »Phönix« nur ein Huhn und unter »Silberkeimlingen« nichts anderes als die alltäglichen Mungobohnensprossen. Zu welchen Verwirrungen es wegen dieser »sprachlichen Veredelungen« kommen kann, wollen wir Ihnen in zwei alten und einer modernen Geschichte erzählen:

Es war einmal ein Kreisvorsteher, der den Ruf eines großen Feinschmeckers genoß. Übergroßen Wert legte er jedoch auf eine ausgefeilte poetische Benennung der Speisen, die ihm von seiner Küche serviert wurden. Viele hervorragende Köche wurden von ihm entlassen, weil sie kein Gespür dafür hatten. Einem nicht sehr begnadeten, dafür um so gewitzteren Koch kam dies eines Morgens zu Ohren, worauf er sogleich im Haus des Kreisvorstehers vorsprach und sich als Koch bewarb. Dabei rühmte er sein poetisches Talent, woraufhin ihn der Kreisvorsteher sofort einstellte. Schon für das Mittagessen kündigte der neue Koch zwei Gerichte an: »Dunkle Wolken bedecken die Sonne« und »Der grüne Drache überquert das Meer«. Der Kreisvorsteher war begeistert! Voller Ungeduld setzte er sich schon früher als gewöhnlich an die Tafel und erwartete gespannt das Mittagsmahl. Endlich kam der neue Koch aus der Küche, stellte eine leere Schale mit einem Paar Eßstäbchen vor den Kreisvorsteher, legte einen rabenschwarz verkohlten Teigfladen obenauf und sagte stolz: »Dunkle Wolken bedecken die Sonne, bitte greifen Sie zu!« Bevor der Kreisvorsteher ein Wort herausbrachte, war der Koch in die Küche verschwunden, um das zweite Gericht zuzubereiten. Nach einer Weile kam er heraus und servierte eine Schale mit nichts als Wasser und einem grünen Stück Frühlingszwiebel darin. »Der Grüne Drache überquert das Meer« stammelte der Kreisvorsteher vor sich hin.
Auf einer der Südreisen des Qing-Kaisers Qianlong (1711-1799) ging plötzlich der Proviant aus. Es blieb keine andere Möglichkeit, als in einem nahe

gelegenen Bauernhof einzukehren und den Bauern zu veranlassen, dem Kaiser ein Mahl zu bereiten. Der arme Bauer hatte nichts anderes als Tofu und grünen Blattspinat mit den roten Wurzeln zur Hand und war bange, dem Kaiser so ein einfaches Mahl vorzusetzen, hatte jedoch keine andere Wahl. So fritierte er zuerst den Tofu, um ihn anschließend mit den Spinatblättern und -wurzeln in heißem Öl zu braten. Zu seiner Erleichterung stellte er fest, daß sein einfaches Gericht dem Kaiser so ausgezeichnet schmeckte, daß er sich sogar nach dem Namen erkundigte. Schlau antwortete der Bauer: »Weiße Jade in Goldfassung, Grüner Papagei mit Rotschnabel.«

Ein deutscher Geschäftsmann, der der chinesischen Sprache mächtig und mit der Etikette vertraut war, bewirtete einmal in einem berühmten Restaurant Kunden. In großer Vorfreude blickten alle in die ansprechend gestaltete Spei-

sekarte, und der deutsche Geschäftsmann wählte mit größter Sachkenntnis ein perfektes Menü aus, das er auf chinesisch bestellte. Nach dem Essen wurde er mit Lob für die äußerst gelungene Speisenkombination und harmonische Wirkung überhäuft. Denn seine chinesischen Gäste meinten, daß sie selbst nicht gewußt hätten, was sich hinter den poetischen Speisenamen der Karte wie »Goldnadeln und Silberstreifen« oder »Mandarin-Entenpaar im Schilf« verberge und nicht in der Lage gewesen wären, ohne Rückfrage beim Kellner eine Bestellung aufzugeben. Ehrlich gab der Geschäftsmann nach einigen Umtrünken sein Geheimnis preis. Da der Kellner nicht wußte, daß er chinesisch lesen konnte, hatte er ihm eine zweisprachige Speisekarte gegeben, die sowohl die poetischen chinesischen Bezeichnungen enthielt als auch in Englisch klipp und klar die Gerichte nach ihren Zutaten auflistete.

Poetische Stimmungen werden nicht nur von den originellen Speisenamen hervorgerufen, sondern auch von Einblicken in die Idylle eines Tempel-Innenhofes, wie hier im Tanzhe Tempel bei Peking.

In den Garküchen am Straßenrand essen viele Chinesen zum Frühstück gerne eine Art Dampfnudeln.

Nicht nur an buddhistischen Festtagen geht man in Nordchina in die Tempel und brennt Räucherstäbchen ab.

Alltägliches und Festliches

Da es in China traditionell kaum Einpersonenhaushalte gibt und in der Regel beide Ehepartner berufstätig sind, müssen die Einkäufe entweder frühmorgens vor der Arbeit oder unmittelbar nach Feierabend erledigt werden. Meist sind es die Frauen, die diese Aufgabe übernehmen, denn die jahrtausendealte »Männerherrschaft« läßt sich nicht innerhalb einer Generation auflösen. Zwar führten die Kommunisten schon in den fünfziger Jahren mit dem »Ehegesetz der Volksrepublik China« die Gleichberechtigung der Frauen ein, doch wie in anderen Ländern auch, haben die meisten Frauen nach wie vor die schlechter bezahlten Jobs und sind in den Chefetagen von Partei und Firmen nur selten zu finden. Glücklicherweise gibt es für viele der berufstätigen Frauen noch die Großeltern der Kinder. Diese übernehmen oft einen Teil der Einkäufe und passen auch auf die Kin

der auf, oder besser: »das Kind«, denn der Staat betreibt mit einem strikten System aus Belohnung und Strafe die Ein-Kind-Politik voran. Das führt zwangsläufig zu gesellschaftlichen Veränderungen. Die riesige Großfamilie aus Tanten, Onkeln, Vettern und Cousinen wird bald nicht mehr zu finden sein. Doch gibt es gerade auf dem Land immer noch Haushalte, in denen drei oder gar vier Generationen unter einem Dach leben. Großeltern, Eltern und Kinder verstehen sich als Einheit, ohne den Rest der Familie ist der einzelne nach wie vor nicht denkbar. Ähnlich ist es mit der Arbeitseinheit, der »Danwei«. Sie ist die zweite wichtige soziale Bezugsgruppe in China. Sie erledigt beinahe alles. So bietet sie nicht nur Mann und Frau einen Arbeitsplatz, sondern später auch den Kindern, sie beschafft Wohnungen, erteilt die Heiratserlaubnis (Frauen ab 20, Männer ab 22 Jahren) und ist für die Krankenversorgung zuständig. Von Geburt an ist jeder Chinese Mitglied einer Danwei. Erst langsam fangen auch diese Strukturen an, sich aufzulösen. So geben heute viele junge Leute die Sicherheit der Danwei auf und nehmen dabei alle Risiken des Kapitalismus auf sich. Wenn die morgendlichen Einkäufe erledigt sind, frühstücken viele Nordchinesen auf dem Weg zur Arbeit in einer Garküche am Straßenrand. Dieses Frühstück kann aus Dampfnudeln aus Weizenmehl, dünnem Reisbrei mit eingelegtem Gemüse oder heißer Sojamilch bestehen. Mittag gegessen wird meist in der Kantine der Arbeitseinheit oder zu Hause. Das normale Mittag- und Abendessen setzt sich gewöhnlich aus Teigwaren oder ein, zwei kalten und einigen warmen Gerichten zusammen. Im Gegensatz zur westlichen Einzelportion werden in China große Servierteller, -schalen oder -schüsseln in die Mitte des Tisches gestellt, und jeder greift selbst mit seinen Eßstäbchen oder einem kleinen Porzellanlöffel zu. Bei festlichen Einladungen gibt der Gastgeber allerdings den Ehrengästen, die zu seiner Rechten und Linken sitzen, extra mit einem besonderen Paar Eßstäbchen etwas auf den Teller. Wenn Sie eingeladen sind, vergessen Sie bitte nie, daß Sie weder Teller oder Schale noch Glas bzw. Flasche völlig leeren dürfen – denn das würde Ihrem Gastgeber signalisieren, daß zu wenig aufgetragen wurde und Sie nicht satt geworden sind.

Zu jeder besonderen Gelegenheit wie Familienfeiern oder Geburtstag gibt es auch etwas Besonderes zu essen. Steht ein Festmahl bevor, wird alles an Zeit, Geld und Phantasie mobilisiert, um eine üppige Vielfalt an Speisen servieren zu können. Ganz besonders gilt das

für das Frühlingsfest. Das bedeutendste chinesische Fest fällt nach dem Mondkalender jedes Jahr etwa auf Ende Januar/Anfang Februar. Dann sieht man die Frauen mit Körben voller Fleisch, zum Teil noch lebendem Geflügel, Fisch sowie Gemüse vom Markt nach Hause gehen. Die Vorbereitungen für ein solches Festessen beginnen meist schon eine Woche im voraus. Am Tag des Festes müssen die vielen verschiedenen Zutaten gewaschen, geputzt, zerkleinert und fein geschnitten werden. Das eigentliche Garen geht dann relativ schnell, aber die zahlreichen Gerichte müssen nacheinander frisch zubereitet werden. Der Koch oder die Köchin kann sich deshalb meist erst am Schluß, wenn die Suppe serviert wird, zur schlemmenden Familie setzen, die restliche Zeit verbringt er bzw. sie in der Küche. Bei einem Geburtstagsessen dürfen übrigens auf keinen Fall lange Nudeln als Symbol für langes Leben fehlen, und beim Frühlingsfest muß ein Fischgericht (das nicht ganz aufgegessen werden darf) dabei sein, als Symbol für Überfluß im nächsten Jahr.

In China gibt es heute wegen der staatlichen Politik sehr viele Einzelkinder. Sie rechtzeitig zu Gemeinschaftssinn zu erziehen, stellt für die Gesellschaft eine große Herausforderung dar.

Getreide – hier ist es Weizen – wird auch heute noch oft von Hand geworfelt. Weizen ist auch Bestandteil vieler nordchinesischer Schnäpse.

Die chinesische Trinkkultur

Das chinesische Wort »jiu« bezeichnet alle Arten von alkoholischen Getränken, von denen es im Reich der Mitte eine ganze Menge gibt. »Jiu« ist gleichzeitig auch Bestandteil des jeweiligen Getränkenamens.

In Übersetzungen alter chinesischer Gedichte, die oft nach Alkoholgenuß

entstanden sind oder den Alkohol und die davon ausgelösten Gefühle zum Gegenstand haben, wird es poetisch mit »Wein« wiedergegeben. Damit ist allerdings nicht der bekannte Traubenwein gemeint. Dieser war in süßer Form im alten China nur in Oasen im äußersten Nordwesten des Landes bekannt. Erst seit den achtziger Jahren dieses Jahrhunderts, seit der Gründung von Joint-Ventures mit französischen und italienischen Weinproduzenten, werden in den nordöstlichen Provinzen Hebei und Shandong nach westlichem Vorbild Reben angebaut und trockene und halbtrockene Weiß-, Rosé- und Rotweine hergestellt. Der herbe Geschmack trocken ausgebauter Weißweine ist für die meisten Chinesen noch etwas gewöhnungsbedürftig, süßfruchtige Sorten sind beliebter. Insgesamt ist der Weinkonsum aber, verglichen mit anderen alkoholischen Getränken, eher gering.

Mit Bier ist das schon etwas anderes. Statistisch gesehen hat 1993 jeder Chinese 10 Liter Bier getrunken, 12,25 Milliarden Liter Bier wurden im selben Jahr hergestellt. Damit ist das Reich der Mitte nach den USA zum zweitgrößten Bierproduzenten der Welt avanciert. Jede Provinz verfügt über einige Großbrauereien, die oft Mühe haben, der großen Nachfrage, besonders im Sommer, gerecht zu werden. Die bekannteste Sorte in China ist »Tsingtao«, in Peking sind es »Beijing« und »Yanjing«, was ein alter Name von Peking ist. Angefangen hat die Bierherstellung mit einem wenig schönen Kapitel in der chinesischen Geschichte. Die erste Brauerei »Tsingtao« entstand nämlich zu Anfang dieses Jahrhunderts unter deutscher Besatzung in Shandong.

Das koloniale Erbe florierte auch nach Abzug der Deutschen. Seit einigen Jahren gibt es sogar mit deutschen Brauereien Joint-Ventures und in Wuhan, in der Provinz Hubei, wurde die erste Braumeisterschule Chinas eröffnet. Die beliebtesten Getränke des ganzen Landes sind aber nach wie vor Reiswein und Schnaps. Reiswein, »Huang Jiu« oder nach der berühmten Produktionsstätte Shaoxing in der Provinz Zhejiang auch »Shaoxing Jiu« genannt, ist das traditionelle alkoholische Getränk in China. Er wird normalerweise zimmerwarm, im Winter aber auch gerne erwärmt getrunken. Schnäpse werden meist aus Sorghum, einer Hirseart, teilweise unter Zusatz anderer Kornarten, gebrannt und erreichen einen durchschnittlichen Alkoholgehalt von 53-56 Prozent. In Nordchina, besonders in den nordostchinesischen Provinzen, ist der Schnapskonsum recht hoch, in den langen Wintermonaten erst recht, denn er soll Körper und Seele wärmen. Wer jedoch meint, in China würde jeder alleine vor sich hin trinken, täuscht sich gewaltig! Auf dem Land trinken normalerweise alle gemeinsam aus einer großen Schale. In den Kulturzentren zieht man jedoch kleine Porzellanbecher oder Gläser für den Genuß von Reiswein oder Schnaps vor. Der heute gebräuchliche Ausdruck »Ganbei« für »Prost«, was wörtlich übersetzt »den Becher trocknen« heißt, kommt daher, weil aus den kleinen Trinkgefäßen normalerweise »ex« getrunken wurde. Trinken wird in China meist von Spielen begleitet. Da wird beispielsweise ein Vers eines Gedichts aufgesagt, und der nächste Spieler muß den Anschlußvers zitieren. Falls er das nicht kann, wird er mit

einem Schnaps »bestraft«. Das verbreitetste Trinkspiel im Norden wie in ganz China ist aber sicher das Fingerknobeln. Dabei strecken zwei Gegenspieler auf ein bestimmtes Kommando hin zwischen 0 und fünf Finger einer Hand aus und versuchen lautstark, oft in Form eines verkürzten originellen Reimspruchs, die Gesamtanzahl der Finger zu erraten. Wer sie richtig erraten hat, läßt seinen Gegenspieler einen Schnaps »ex« austrinken. Trinken wird in China also stets in geselliger Runde gepflegt. Dazu werden immer einige kleine Häppchen gereicht. Sie sollen durch ihre Schärfe oder starke Würze einerseits den Alkoholgenuß ergänzen, andererseits zu schnelle Trunkenheit verhindern. Über ein Wiedersehen mit alten Freunden sagt ein bekanntes chinesisches Sprichwort: »Trifft man beim Wein einen Herzensfreund, sind tausend Becher zu wenig – reden zwei Menschen aneinander vorbei, ist ein halber Satz zu viel.«

Tee wird im Norden zwar nicht angebaut, aber wie im ganzen Land auch hier gerne getrunken. Er ist besonders im Winter die beliebteste Alternative zu alkoholischen Getränken.

KALTE VORSPEISEN

In China beginnt normalerweise jedes Festessen mit einer Auswahl an kalten Vorspeisen. Deshalb haben wir die folgenden Rezepte auch an den Anfang des Buches gestellt. Im ganzen Land ist es üblich, daß der Gast, egal ob er ins Restaurant oder ins Haus des Gastgebers eingeladen ist, gleich ein paar wunderschön angerichtete kalte Vorspeisen auf dem Tisch vorfindet. Grundsätzlich muß ein gelungenes Gericht für Chinesen drei Eigenschaften haben: 'Se (Wohlgefallen), Xiang (Wohlduft) und Wei (Wohlgeschmack). Bei Vorspeisen wird auf das 'Se besonders viel Wert gelegt. Meisterköche können selbst noch aus bescheidenen Zutaten raffinierte Vorspeisen in Form eines Drachens, eines Phönix oder einer Landschaft zaubern. Aber keine Sorge, sie schmecken auch bei weniger Geschicklichkeit im Anrichten noch genauso köstlich.

Da die kalten Vorspeisen den Appetit anregen sollen, werden sie nur in kleinen Mengen serviert und sind oft von pikantem und kräftigem Geschmack. In China werden diese Vorspeisen auch immer zu einem Glas Wein oder Schnaps serviert, den die chinesischen Männer gerne noch nach der Arbeit in einem Weinhaus trinken. Denn durch ihre Schärfe oder starke Würze ergänzen sie einerseits den Alkoholgenuß, verhindern aber gleichzeitig, daß der Alkohol zu schnell zu Kopf steigt.

Schwein mit Knoblauch

Sommergericht · Gelingt leicht   Suan Ni Bai Rou

Zutaten für 2 Portionen:
200 g Schweinebauch, mit Schwarte,
ohne Knochen (etwa 3 cm dick)
1 dünne Scheibe Ingwer
1 TL Reiswein
Salz
3 Knoblauchzehen
2 TL helle Sojasauce
1 TL Sesamöl

Zubereitungszeit: 40 Min.

Pro Portion: 1800 kJ/430 kcal

1 Den Schweinebauch waschen und mit ½ l Wasser in einem Topf bei mittlerer Hitze zum Kochen bringen. Ingwer, Reiswein und 1 Prise Salz dazugeben, dann bei schwacher Hitze etwa 30 Min. zugedeckt köcheln lassen.

2 Das Fleisch herausnehmen und etwa 5 Min. abkühlen lassen, dann quer zur Faser in etwa 5 cm lange, etwa 2 mm dünne Scheiben schneiden. Die Fleischscheiben auf einem Teller anrichten.

3 Knoblauchzehen schälen und fein hacken. Mit der Sojasauce und dem Sesamöl verrühren und über das Fleisch gießen.

Info: Um diese chinesischen Schriftzeichen aus Paprika zu schnitzen, brauchen Sie schon etwas Geduld und Geschicklichkeit. Einfacher geht es natürlich mit einer Ausstechform, die wir aus Peking mitgebracht haben.

Tip! Falls Sie Schweinebauch zu fett finden, können Sie auch Schweinebraten nehmen. Man kann den Knoblauch auch durch eine Knoblauchpresse drücken, mit gehacktem Knoblauch schmeckt das Gericht jedoch kräftiger.

Rindfleisch mit 5 Gewürzen

Herbstgericht · Gelingt leicht

Wu Xiang Jiang Rou

Zutaten für 4 Portionen:
500 g zarter Rinderbraten
(z. B. Rosenspitz, etwa 4 cm dick)
1 Frühlingszwiebel
1 etwa walnußgroßes Stück Ingwer
(20 g)
10 Sichuan-Pfefferkörner
3 Sternanis
1 Zimtstange (etwa 7 cm)
2 TL Fenchelsamen
2 Gewürznelken · 1 EL Reiswein
2 EL dunkle Sojasauce · Salz

Zubereitungszeit: 25 Min.
(+ 45 Min. Garen)

Pro Portion: 670 kJ/160 kcal

1 Den Rinderbraten waschen, in einen Topf legen, mit Wasser bedecken und das Wasser zum Kochen bringen. Inzwischen die Frühlingszwiebel putzen und waschen, den Ingwer schälen, die Zimtstange einmal durchteilen. Pfefferkörner, Sternanis, Zimt, Fenchelsamen und Gewürznelken in ein Stoffsäckchen füllen, zubinden.

2 Wenn das Wasser mit dem Fleisch aufkocht, Frühlingszwiebel, Ingwer, Gewürzsäckchen, Reiswein, Sojasauce und 1 Prise Salz dazugeben. Zugedeckt bei schwacher Hitze etwa 45 Min. köcheln. Dann den Rinderbraten aus der Brühe heben und abkühlen lassen.

3 Die Brühe unter Rühren bei starker Hitze offen auf die Hälfte einkochen. Das Fleisch in etwa 7 cm lange, etwa 5 mm dünne Scheiben schneiden. Die Scheiben auf einer länglichen Platte anrichten und 2–3 EL von der Brühe darüber gießen. Nach Belieben mit Gurkenscheiben und Blättern, aus Lauch geschnitzt, garnieren.

Tip! Falls Sie in Ihrem Asien-Laden 5-Gewürz-Pulver finden, können Sie das Gewürzsäckchen durch 1 EL 5-Gewürz-Pulver ersetzen, das Sie einfach in das Wasser streuen.

Garnelen mit Chinakohl

Xia Ban Bai Cai Xin

Zutaten für 3–4 Portionen:
250 g ungeschälte Tiefseegarnelen
1 Frühlingszwiebel
1 dünne Scheibe Ingwer
5 Sichuan-Pfefferkörner
Salz
1 EL Reiswein
250 g junge Chinakohlblätter
Schale von 2 unbehandelten
Mandarinen (etwa 10 g)
75 g Zucker
2 TL heller Reisessig

Zubereitungszeit: 30 Min.

Bei 4 Portionen pro Portion:
620 kJ/150 kcal

1 Die Garnelen waschen, dabei die Fühler abschneiden, aber die Köpfe möglichst daranlassen. In einem Topf Wasser zum Kochen bringen. Garnelen darin etwa 1 Min. sprudelnd kochen, dann herausnehmen. Das Wasser wegschütten. Die Frühlingszwiebel putzen, waschen und in etwa 10 cm lange Stükke schneiden. Den Ingwer schälen.

2 In einem Topf 1/3 l Wasser zum Kochen bringen, Garnelen, Frühlingszwiebel, Ingwer und Sichuan-Pfefferkörner hineingeben, mit Salz und Reiswein würzen. Nach dem Aufkochen etwa 3 Min. bei mittlerer Hitze kochen, dann vom Herd nehmen und zugedeckt

etwa 10 Min. ziehen lassen. Danach die Garnelen herausnehmen, abtropfen lassen und auf einem Teller anrichten (die Frühlingszwiebel wird nicht weiter verwendet).

3 Die Chinakohlblätter waschen, trockentupfen und zuerst längs in ganz dünne, dann quer in 6 etwa cm lange Streifen schneiden. Die Mandarinenschale waschen, trockentupfen und ebenfalls in sehr feine Streifen schneiden. Beide Zutaten mit Zucker und Essig in einer Schüssel gut vermischen, dann um die Garnelen anordnen.

Hühnerstreifen mit Senf

Jie Mo Ji Si

Zutaten für 4 Portionen:
200 g Hühnerbrust,
ohne Haut und Knochen
1 TL Reiswein
Salz
200 g Mungobohnensprossen
Für die Sauce:
1 EL mittelscharfer Senf
1 TL helle Sojasauce
1 TL heller Reisessig
1 EL Sesamöl
nach Belieben:
1 Stück Möhre zum Garnieren

Zubereitungszeit: 30 Min.

Pro Portion: 380 kJ/90 kcal

1 Die Hühnerbrust in einem kleinen Topf mit etwa 1/2 l Wasser bei mittlerer Hitze zum Kochen bringen, den Reiswein und 1 Prise Salz dazugeben und bei schwacher Hitze etwa 10 Min. köcheln lassen.

2 Inzwischen die Bohnensprossen waschen. In einem Topf 1/2 l Wasser aufkochen, Bohnensprossen darin ein paar Sekunden sprudelnd kochen, dann herausnehmen, abtropfen lassen und auf einem Teller anrichten.

3 Das Hühnerfleisch aus dem Topf nehmen und etwa 10 Min. abkühlen lassen. Dann in etwa 5 cm lange, sehr dünne Streifen schneiden.

4 Für die Sauce den Senf mit Sojasauce, Essig und Sesamöl gründlich verrühren. Die Sauce auf die Hühnerstreifen geben und unterrühren. Anschließend die Hühnerstreifen auf die Sprossen geben. Nach Belieben ein Stück Möhre in Scheiben schneiden. Mit einer Ausstechform Sternchen ausstechen und das Gericht damit garnieren.

Variante: Sie können die Hühnerbrust, statt sie im Wasser zu kochen, auch braten. Dazu die Hühnerbrust in etwa 5 cm lange, dünne Streifen schneiden, mit 1 TL Stärke und 1 EL Wasser verrühren und etwa 2 Min. im heißen Pflanzenöl braten, mit 1 EL dunkler Sojasauce, etwas Salz und 1 EL Reiswein würzen.

Huhn mit Glasnudeln

Sommergericht · Gelingt leicht

Huang Gua Fen Pi Ban Ji Si

Zutaten für 2 Portionen:
200 g Hühnerbrust,
ohne Haut und Knochen
1 TL Reiswein
Salz
20 g Glasnudeln
¹/₂ Salatgurke
Für die Sauce:
2 EL Sesampaste
1 ¹/₂ TL scharfe Sojasauce
1 EL Sesamöl

Zubereitungszeit: 30 Min.

Pro Portion: 1000 kJ/240 kcal

1 In einem kleinen Topf etwa ¹/₂ l Wasser bei mittlerer Hitze zum Kochen bringen, die Hühnerbrust, den Reiswein und 1 Prise Salz dazugeben, Temperatur zurückschalten und die Hühnerbrust bei schwacher Hitze etwa 10 Min. simmern lassen.

2 Inzwischen die Glasnudeln in heißem Wasser etwa 10 Min. einweichen. Die Gurke waschen und längs halbieren, die Kerne herauskratzen. Gurke in etwa 8 cm lange Stücke schneiden, dann längs in dünne Scheiben. Anschließend die Gurkenscheiben auf einem Teller anrichten. Die Glasnudeln aus dem Wasser nehmen, in etwa 10 cm lange Stücke schneiden und auf die Gurkenscheiben geben.

3 Das Hühnerfleisch aus dem Topf nehmen und etwa 10 Min. abkühlen lassen. Dann in etwa 3 cm lange, sehr dünne Streifen schneiden und auf die Glasnudeln geben.

4 Für die Sauce Sesampaste mit 2 TL Wasser, der Sojasauce und Sesamöl gründlich verrühren. Die Sauce auf die Hühnerstreifen geben und unterrühren.

Tip! Wenn Sie keine scharfe Sojasauce in Ihrem Asien-Laden bekommen können, mischen Sie 2 EL helle Sojasauce mit ¹/₂ TL Sambal Oelek (Fertigprodukt). Das Fleisch bleibt besonders saftig, wenn Sie es noch heiß in Alufolie wickeln und so erkalten lassen.

Glasnudeln

Glasnudeln werden zumeist aus Mungobohnenstärke hergestellt, aber auch aus Saubohnen- oder Erbsenstärke, wobei Glasnudeln aus Mungobohnenstärke von besserer Qualität sind. Die bekanntesten Glasnudeln kommen aus Longkou in der Provinz Shandong. Sie sind besonders fein und kleben nicht aneinander. Glasnudeln gibt es in verschiedenen Formen – von dünnen Suppennudeln bis hin zu breiter Blattform (Fenpi). Glasnudeln gelten als leicht verdaulich und werden deshalb in der vegetarischen Küche mit großer Vorliebe verwendet, in Salat, Suppen, Gemüse- oder auch

Glasnudeln gibt es in ganz unterschiedlichen Formen.

Fleischgerichten. Klein gehackt werden sie zusammen mit anderen Zutaten auch als Füllung für Hefe-Teig-täschchen (Baozi) genommen. Vor der Zubereitung muß man Glasnudeln etwa 10 Min. in warmem Wasser einweichen. Beim Kauf müssen Sie darauf achten, Glasnudeln nicht mit Reisnudeln zu verwechseln, die sich äußerlich kaum unterscheiden.

Scharfe Bambussprossen

Wintergericht · Gelingt leicht　　**La Dong Sun**

Zutaten für 4 Portionen:
400 g Bambussprossen in Stücken
(aus der Dose)
1 Frühlingszwiebel
1 dünne Scheibe Ingwer
20 g rote mittelscharfe Chilischoten
2 EL neutrales Pflanzenöl
zum Braten
1 EL Reiswein
Salz
1 Prise Zucker
100 ml Gemüsebrühe
(selbstgemacht oder instant)
1 TL Sesamöl

Zubereitungszeit: 20 Min.

Pro Portion: 400 kJ/95 kcal

1 Die Bambussprossen in ½ l kochendem Wasser etwa 1 Min. sprudelnd kochen, mit einem Schaumlöffel herausnehmen, abtropfen und abkühlen lassen. Inzwischen die Frühlingszwiebel putzen, waschen und fein hacken. Den Ingwer schälen und fein hacken.

2 Die Bambussprossen zuerst längs in etwa 5 mm dünne Scheiben schneiden, dann in etwa 5 cm lange und 2 cm breite Scheiben schneiden. Die Chilischoten waschen und quer in dünne Ringe schneiden. Vorsicht, danach nicht mit den Händen an die Augen kommen!

3 Öl in einem Wok oder in einer Pfanne bei mittlerer Hitze in etwa 3 Min. heiß werden lassen. Frühlingszwiebel, Ingwer und Chilischoten darin kurz anbraten, Bambussprossen dazugeben,

mit Reiswein, Salz und Zucker würzen, gut verrühren, dann die Brühe unterrühren. Bei schwacher Hitze offen etwa 5 Min. köcheln, bis die Flüssigkeit verdampft ist. Vor dem Servieren mit Sesamöl beträufeln.

Getränk: Dazu paßt ein helles Bier.

Info: In China werden für dieses Gericht gern frische Winterbambussprossen verwendet. In Deutschland kann man diese leider nur in Konservendosen bekommen. Daher ist es notwendig, sie kurz in sprudelndem Wasser zu kochen, um den leicht säuerlichen Geschmack zu beseitigen.

Tip! Wenn Sie es lieber weniger scharf möchten, müssen Sie die Chilischoten erst von den Kernen befreien und dann weiterverarbeiten.

Glasierte Walnüsse

Süß · Gelingt leicht

Liu Li Tao Ren

Zutaten für 2 Portionen:
250 g Walnußkerne
¹/₂ l neutrales Pflanzenöl
zum Fritieren
1 TL Sesamöl
125 g Zucker

Zubereitungszeit: 30 Min.

Pro Portion: 5100 kJ/1200 kcal

1 Die Walnußkerne in einer Schüssel mit heißem Wasser etwa 10 Min. einweichen, dann die Haut abziehen und die Walnußkerne trockentupfen.

2 Das Öl im Wok bei mittlerer Hitze heiß werden lassen. Dann die Walnußkerne hineingeben, unter Rühren goldgelb fritieren. Vorsicht, Spritzgefahr! Die Walnußkerne mit einem Schaumlöffel herausnehmen und das Fett abtropfen lassen. Das Öl aus dem Wok gießen.

3 Das Sesamöl im Wok bei schwacher Hitze erwärmen, Zucker dazugeben und unter Rühren leicht anbräunen. Dann den Wok vom Herd nehmen, die Walnußkerne mit der Zuckermasse gut vermischen. Die klebrigen Walnußkerne mit einem Löffel oder mit Stäbchen einzeln herausnehmen, kurz abkühlen lassen und auf einem Teller servieren.

Variante: Man kann die Walnußkerne auch zuerst in einem Topf mit Zucker und ¹/₄ l Wasser etwa 15 Min. bei schwacher Hitze offen köcheln lassen, bis die Flüssigkeit verdampft ist und sich um die Walnußkerne eine dünne Zuckerschicht bildet. Dann die Walnußkerne in Öl bei mittlerer Hitze fritieren, bis sie goldgeld sind. Das dauert aber insgesamt etwas länger.

Teeblatt-Eier

Cha Ye Dan

Zutaten für 6–8 Portionen:
10 Eier
2 TL grüne Teeblätter
1 Sternanis
1 Zimtstange (etwa 7 cm)
1 EL dunkle Sojasauce
Salz

Zubereitungszeit: 10 Min.
(+ 45 Min. Garen)

Bei 8 Portionen pro Portion:
440 kJ/100 kcal

1 Die Eier mit Wasser bedeckt etwa 10 Min. bei mittlerer Hitze kochen, dann abschrecken und rundherum leicht anschlagen, damit die Schalen Sprünge bekommen. Je mehr Sprünge, desto besser.

2 Einen Topf mit 1 l Wasser füllen, die Eier hineinlegen, Teeblätter, Sternanis und Zimtstange dazugeben, mit Sojasauce und Salz würzen. Das Wasser zum Kochen bringen, dann bei schwacher Hitze etwa 45 Min. weiter köcheln. Die Eier im Sud abkühlen lassen, erst vor dem Verzehr schälen. Sie werden oft einfach so mit der Hand gegessen. Nach Belieben kann man sie auch in Scheiben oder Viertel schneiden und mit Stäbchen essen.

Info: Da die Teeblatt-Eier wie Marmor aussehen, sind sie auch als »marmorierte Eier« bekannt. Bekannter als Teeblatt-Eier sind die Kiefernblüten-Eier (Song Hua Dan, auch Kalkeier genannt). Dazu werden frische Enteneier verwendet, die in einer Mischung aus Kalk, Salz, Teeblätter und Asche 15 bis 30 Tage eingelegt werden. Danach ist das Eiweiß hart und von brauner Farbe, das Eigelb ist etwas weicher als das Eiweiß und hat eine dunkelgrüne Farbe. Im Westen wird ein solches Ei irrtümlich »tausendjähriges Ei« oder »faules Ei« genannt.

Tip! Wenn Sie die Eier im Sud über Nacht in den Kühlschrank stellen, schmecken sie noch besser.

Gekochte Donggu-Pilze

Lu Xiang Gu

Zutaten für 4 Portionen:
80 g getrocknete, möglichst
gleich große Donggu-Pilze
1 Frühlingszwiebel
1 dünne Scheibe Ingwer
Salz
1 EL Reiswein
1 TL Sesamöl

Zubereitungszeit: 25 Min.

Pro Portion: 190 kJ/45 kcal

1 Die Donggu-Pilze in warmem Wasser etwa 10 Min. einweichen, herausnehmen, waschen und von den Stielen befreien. Frühlingszwiebel putzen, waschen und in 5 cm lange Stücke schneiden. Den Ingwer schälen.

2 In einem Topf ½ l Wasser zum Kochen bringen, Frühlingszwiebel, Ingwer, Salz, Reiswein und Donggu-Pilze ins Wasser geben. Bei schwacher Hitze etwa 5 Min. köcheln lassen. Dann die Pilze herausnehmen und mit Frühlingszwiebel und Ingwer auf einem Teller anrichten. Vor dem Servieren mit Sesamöl beträufeln.

Variante: Donggu-Pilze passen sehr gut zu Bambussprossen. Dazu 50 g Donggu-Pilze wie eben vorbereiten. 100 g Bambussprossen (in Stücken aus der Dose) in kochendem Wasser kurz sprudelnd kochen, in etwa 3 cm lange, 1 ½ cm breite und dünne Scheiben schneiden. 2 EL neutrales Pflanzenöl im Wok bei mittlerer Hitze heiß werden lassen, Donggu-Pilze und Bambussprossen darin unter Rühren kurz anbraten, mit 1 EL dunkler Sojasauce, Salz und 1 Prise Zucker würzen, dann 100 ml Wasser dazugießen und zugedeckt etwa 5 Min. bei schwacher Hitze köcheln. Inzwischen 1 TL Speisestärke mit 1 EL Wasser anrühren, hinzufügen und alles unter Rühren kurz kochen.

Süßscharfer Chinakohl

Aus Peking · Braucht etwas Zeit **La Bai Cai**

Zutaten für 4–6 Portionen:
1 kg Chinakohl
80 g Salz
10 mittelscharfe Chilischoten
3 EL Sesamöl
10 Sichuan-Pfefferkörner
80 g Zucker
2 EL heller Reisessig

Zubereitungszeit: 45 Min.
(+ 12 Std. Marinieren)

Bei 6 Portionen pro Portion:
460 kJ/110 kcal

1 Den oberen weichen Teil vom China-kohl abschneiden (dieser kann für ein anderes Gericht verwendet werden). Dann den unteren Teil, die knackigen Stengel, zuerst längs in etwa 2 cm breite, danach quer in etwa 10 cm lange Stücke schneiden, waschen, gut abtropfen lassen und schichtweise in eine große Salatschüssel legen, zwischen den Schichten jeweils mit dem Salz bestreuen. Etwa 4 Std. ziehen lassen, dann herausnehmen, mit kaltem Wasser Salzreste abwaschen und mit den Händen die Flüssigkeit auspressen. Stengel wieder in die Schüssel legen.

2 Die Chilischoten waschen, auf-schlitzen, von den Kernen befreien und in dünne Streifen schneiden. Streifen von 7 Chilischoten über die Stengel streuen. Vorsicht, danach nicht mit den Händen an die Augen kommen!

3 Das Sesamöl in einem kleinen Topf bei schwacher Hitze erwärmen, den Rest der Chilischoten und die Sichuan-Pfefferkörner unter Rühren darin etwa 1 Min. anbraten. Das Öl abseihen, auf-fangen und über die Kohlstengel gießen.

4 Zucker und Essig in einer Schüssel mit 1/2 l kaltem Wasser mischen, gut verrühren und über die Kohlstengel gießen. Die Stengel sollen möglichst von der Flüssigkeit bedeckt sein. Etwa 8 Std. zugedeckt marinieren. Vor dem Servieren die Stengel aus der Flüssig-keit nehmen, in etwa 5 cm lange Stücke schneiden, auf einem Teller anrichten.

Chinakohl

Chinakohl, auf chinesisch »Da Bai Cai«, bedeutet wörtlich »Großer Weißer Kohl«. Zu Recht ist er im Westen unter dem Namen Chinakohl bekannt, denn er ist im Winter eine der wichtigsten Gemüsesorten in Nordchina. Von den verschiedenen Arten stammen die besten aus der Provinz Shandong und aus dem Umland der Stadt Tianjin. Chinakohl schmeckt nicht nur gut, ganz gleich, ob man ihn dünstet, brät, mit Salz und anderen Gewürzen einlegt oder als Salat ißt, sondern er läßt sich auch gut mit anderen Zutaten wie z.B. Fleisch oder Tofu kombinieren. Man kann ihn auch fein hacken und zusammen mit anderen Zutaten als Füllung für Teigtäschchen verwenden. Außer-

Chinakohl ist eine der beliebtesten Gemüsesorten Nordchinas.

dem läßt er sich im trockenen, kühlen Keller gut 2–3 Monate lagern. In den Städten, wo die Häuser meist keinen Keller haben, wird der Chinakohl auch auf dem Balkon gelagert. Damit sie auch im Winter genügend Gemüse zur Verfügung haben, kaufen die Nord-

chinesen im Spätherbst auf dem Markt große Mengen Kohl günstig ein und transportieren ihn auf Fahrrädern nach Hause. Chinakohl wurde schon vor 7000 Jahren gegessen. Heute darf er weder beim alltäglichen noch bei Festessen fehlen.

GEFLÜGEL, LAMM, RIND UND SCHWEIN

Das mit Abstand bekannteste Gericht der nordchinesischen Küche ist die »Peking-Ente«. Aber es gibt natürlich noch zahlreiche andere raffinierte Arten, dieses Geflügel zuzubereiten. So wird die Ente zum Beispiel auch gedämpft, gebraten oder in Reiswein geschmort. Dasselbe gilt für Huhn, an dem man in China besonders den feinen Eigengeschmack schätzt. Egal, ob Ente oder Huhn, Geflügelgerichte sind ein unverzichtbarer Bestandteil eines chinesischen Festessens. Weniger bekannt sind die zahlreichen köstlichen Lammgerichte der nordchinesischen Küche. Bis zum Anfang unserer Zeitrechnung durften nur Großwürdenträger Lamm- und Hammelfleisch essen, was sich glücklicherweise geändert hat. So gehört das Lammfleisch zu den beliebtesten Fleischsorten Nordchinas. Aber auch Rindfleisch wird hier wie Lamm wesentlich häufiger gegessen als in den anderen Regionen des Landes. Dies hat hauptsächlich drei Gründe: Einmal liegt Nordchina in unmittelbarer Nachbarschaft zur Mongolei, wo seit jeher viel Lamm und Hammel gegessen wurde und spezielle Zubereitungsarten entstanden wie zum Beispiel Kochen im Feuertopf oder Grillen. Dann leben in Nordchina viele Moslems, denen der Verzehr von Schweinefleisch durch ihre Religion untersagt ist. Schließlich gilt Lammfleisch in der klassischen Diätetik als »wärmefördernd« und wird deshalb besonders gern in der kalten Zeit vom Spätherbst bis zum Winterende serviert. Schweinefleisch ist das in Gesamtchina am meisten verwendete Fleisch. Es ist in fast allen Regionen zu jeder Jahreszeit erhältlich und läßt sich mit nahezu allen Zutaten kombinieren.

Peking-Ente

Festlich · Braucht etwas Zeit   **Beijing Kao Ya**

Zutaten für 4 Portionen:
1 Ente (etwa 2 kg), küchenfertig
vorbereitet, deren Haut an keiner
Stelle verletzt sein darf
30 g Maltose (Malz aus Reis,
ersatzweise flüssiger Honig)
Für die Teigfladen:
200 g Mehl
4 EL neutrales Pflanzenöl
Für die Sauce:
2 Bund Frühlingszwiebeln
4 EL Sojabohnenpaste
(Tian Mian Jiang, ersatzweise
Hoisin-Sauce, Fertigprodukte)
außerdem:
Küchengarn
1 Fahrradluftpumpe
1 kleiner Pinsel

Zubereitungszeit: 2 Std.
(+ 10 Std. Trocknen)

Pro Portion: 5000 kJ/1200 kcal

1 Ente innen und außen waschen, den Bauch mit Küchengarn gut zunähen. Ente gründlich massieren, damit sich die Haut etwas vom Fleisch löst. An einer Stelle am Hals eine so kleine Öffnung stechen, daß man mit einer Luftpumpe langsam Luft unter die Haut pumpen kann. So lange pumpen, bis sich die Haut ringsum vom Fleisch löst.

2 In einem großen Topf reichlich Wasser zum Kochen bringen. Die Ente hineingeben und etwa 5 Min. darin kochen. Dann herausnehmen und gründlich abtrocknen.

3 Die Maltose (ersatzweise den Honig) mit 100–200 ml Wasser anrühren, so daß sie gut streichbar ist. Die Ente rundherum mit der Hälfte der Maltoselösung bestreichen und etwa 1 Std. am Hals an einem Fleischerhaken an einem kühlen Ort zum Trocknen aufhängen. Dann wieder mit der restlichen Maltoselösung bestreichen und nochmals etwa 9 Std. zum Trocknen aufhängen.

4 Backofen auf 200° vorheizen. Die Ente mit der Brust nach oben auf den Rost über die Fettschale legen und in den Ofen (Mitte, Umluft 180°) geben. Die Ente etwa 45 Min. braten, dann wenden und noch einmal 30–40 Min. braten, bis die Haut schön rotbraun ist.

5 Inzwischen für die Teigfladen das Mehl mit etwa 100 ml lauwarmem Wasser in einer Schüssel mischen und so lange verkneten, bis der Teig glatt und geschmeidig ist. Den Teig mit einem feuchten Tuch bedecken und etwa 10 Min. ruhen lassen. Die Frühlingszwiebeln putzen, waschen und zuerst in etwa 10 cm lange Stücke, dann in Streifen schneiden und beiseite stellen.

6 Den Teig zu einer Rolle von etwa 2 ½ cm Durchmesser formen und in 16 Stücke teilen. Jedes Stück mit Öl bestreichen und mit einem Handroller zu runden, dünnen Fladen von etwa 15 cm Durchmesser ausrollen. Eine Pfanne mit etwas Öl bestreichen. Alle Teigfladen darin nacheinander bei schwacher Hitze etwa 2 Min. pro Seite backen, auf einem Rechaud warmhalten.

7 Die Ente aus dem Backofen nehmen. Von der Ente die krosse Haut lösen und in Stücke schneiden. Dann das Fleisch schräg von den Knochen lösen und ebenfalls in kleine Stücke schneiden.

8 Zum Essen je 1 Teigfladen auf den Teller legen, mit Entenhaut oder -fleisch und den Frühlingszwiebeln belegen, mit etwas Sojabohnenpaste bestreichen, zusammenrollen und mit den Fingern essen.

Ente in Schilfblättern

Aus Peking · Etwas schwieriger **He Ye Ya Zi**

Zutaten für 6 Portionen:
1 Ente (etwa 1,5 kg),
küchenfertig vorbereitet
1 Frühlingszwiebel
1 etwa walnußgroßes Stück Ingwer
(20 g)
36 g frische oder getrocknete
Schilfblätter (siehe Info)
100 g Rundkornreis
1 Sternanis
4 Sichuan-Pfefferkörner
2 EL Reiswein
Salz
3 EL dunkle Sojasauce
1 EL Zucker
1 EL gelbe Bohnenpaste
außerdem: Bastschnüre
oder Küchengarn

Zubereitungszeit: 1 1/2 Std.

Pro Portion: 2700 kJ/640 kcal

1 Die Ente innen und außen waschen, trockentupfen, die Flügel abschneiden, den Rücken durchschneiden und das Fleisch von den Knochen lösen. Dann das Fleisch in etwa 5 cm lange und 2 1/2 cm breite Stücke schneiden. Dies ergibt etwa 12 Stücke. Die Frühlingszwiebel putzen und waschen, den Ingwer schälen und beides in dünne Streifen schneiden.

2 Die Schilfblätter in warmem Wasser etwa 10 Min. einweichen. Inzwischen den Reis mit Sternanis und Sichuan-Pfefferkörnern in einem Topf bei mittlerer Hitze unter Rühren anrösten, bis die Zutaten würzig duften. Dann abkühlen lassen, mit einer Mühle grob schroten oder im Mörser zerstoßen.

3 Entenfleisch mit Reiswein, Salz, Sojasauce, Zucker, Frühlingszwiebel, Ingwer und Bohnenpaste verrühren. Etwa 5 Min. ziehen lassen, dann das Reisschrot dazugeben und gut verrühren.

4 Die Schilfblätter aus dem Wasser nehmen und abtropfen lassen. Die Spitzen an beiden Seiten abschneiden. 3 Schilfblätter leicht überlappend auf die Arbeitsfläche legen. Jeweils 1 Stück Ente mit etwas Reisschrot auf die Schilfblätter legen.

5 Die Blätter aufrollen, dann rechts und links die Seiten einklappen und mit Bastschnüren oder Küchengarn wie ein Päckchen gut zusammenbinden. Alle Entenfleischstücke auf diese Weise einwickeln.

6 Die Schilfblattröllchen in einen Bambusdämpfer legen, den Dämpfer schließen. Etwa 4–5 cm Wasser in einen Topf gießen. Den Dämpfer auf den Topf setzen und die Entenpäckchen etwa 30 Min. bei starker Hitze gar dämpfen. Eventuell etwas Wasser nachgießen, wenn zuviel verkocht. Falls Sie keinen Bambusdämpfer haben, siehe Info S. 50. Jeder packt sein »Päckchen« am Tisch selber aus.

Info: Das Originalrezept wird mit frischen Lotosblättern zubereitet. Da diese in Deutschland kaum, und wenn nur im Sommer, erhältlich sind, werden hier Schilfblätter verwendet. Diese haben ebenfalls ein sehr schönes Aroma und werden in einigen Asien-Läden angeboten. Im Notfall können Sie auch Alufolie als Ersatz verwenden, da man die Schilfblätter ja nicht mit ißt, aber das Aroma ist dennoch dann leider ganz anders. In manchen Asien-Läden bekommt man fertiges Reisschrot (mit Sternanis und Sichuan-Pfeffer vermischt).

Entenfleisch mit Fu-Zhu

Frühlingsgericht · Gelingt leicht

Hui Ya Ding Fu Zhu

Zutaten für 2 Portionen:
25 g Fu-Zhu
200 g Entenbrust, ohne Haut
2 EL Speisestärke
Salz
Reiswein
50 g Bambussprossen in Stücken (aus der Dose)
50 g frische Champignons
1 Frühlingszwiebel
1 dünne Scheibe Ingwer
3 EL neutrales Pflanzenöl
1 TL helle Sojasauce
¹/₂ l Hühnerbrühe (selbstgemacht oder instant)
1 TL Sesamöl

Zubereitungszeit: 45 Min.

Pro Portion: 1700 kJ/400 kcal

1 Fu-Zhu in warmem Wasser etwa 20 Min. einweichen. Inzwischen das Entenfleisch waschen, trockentupfen und in Würfel von etwa 2 cm Kantenlänge schneiden. Die Stärke mit 4 EL Wasser anrühren. Das Entenfleisch mit 1 EL von der angerührten Stärke, 1 Prise Salz und einem Schuß Reiswein vermischen.

2 In einem Topf Wasser aufkochen. Bambussprossen darin etwa 1 Min. sprudelnd kochen, herausnehmen, abtropfen und abkühlen lassen, dann in ähnlich große Würfel wie das Entenfleisch schneiden.

3 Die Champignons putzen, waschen und in ebenso große Stücke schneiden, Die Frühlingszwiebel putzen, waschen und fein hacken. Den Ingwer schälen und fein hacken. Fu-Zhu aus dem Wasser nehmen und in etwa 2 cm große Stücke schneiden.

4 Einen Wok oder eine Pfanne bei mittlerer Hitze erwärmen. Das Öl angießen und heiß werden lassen. Frühlingszwiebel und Ingwer darin unter Rühren kurz anbraten. Das Entenfleisch hineingeben und unter Rühren etwa 2 Min. braten, dann Fu-Zhu, Bambussprossen und Champignons dazugeben, mit Salz, Sojasauce und 1 EL Reiswein würzen und die Brühe angießen. Alles zum Kochen bringen, dann bei schwacher Hitze zugedeckt etwa 3 Min. köcheln lassen. Die restliche Stärke untermischen und gut verrühren, bis die Sauce bindet. Vor dem Servieren mit Sesamöl beträufeln.

Tip! Sehr hübsch sieht es aus, wenn Sie ein Stück Paprika dekorativ schnitzen oder mit einer Ausstechform z.B. einen Drachen ausstechen und das Gericht damit garnieren.

Fu-Zhu

Fu-Zhu ist die getrocknete Haut der Soja-Milch. Sie ist reich an pflanzlichem Eiweiß und daher besonders nahrhaft. Fu-Zhu wird als flache Folie oder gerollte Stäbchen angeboten. Genau wie Tofu ist Fu-Zhu in der vegetarischen Küche sehr beliebt. Fu-Zhu läßt sich sehr gut mit anderen Zutaten kombinieren, vor allem mit Fleisch und Gemüse. Kochkünstler in vegetarischen Restaurants können aus Fu-Zhu und anderen Tofu-Produkten täuschend ähnlich Geflügelgerichte zaubern, so etwa eine ganze Ente oder ein Huhn. Die flache Folie eignet sich sehr gut

Fu-Zhu kann man als Folie oder in Form von Stäbchen kaufen.

für Fu-Zhu-Rouladen, als Füllung kann man je nach Geschmack Hackfleisch oder kleingehacktes Gemüse nehmen. Vor der Zubereitung soll man die Folie

– die Stäbchen in kleine Stücke gebrochen – etwa 20 Min. in warmem Wasser einweichen. Fu-Zhu kann man in fast jedem Asien-Laden kaufen.

Kross gebratene Ente

Xiang Su Ya Zi

Aus Peking · Braucht etwas Zeit

Zutaten für 4 Portionen:
1 Ente (etwa 1,5 kg),
küchenfertig vorbereitet
Salz
1 EL dunkle Sojasauce
1 EL Reiswein
1 Frühlingszwiebel
1 etwa walnußgroßes Stück Ingwer
(20 g)
2 Sternanis
1 Stück Zimtrinde (etwa 4 cm lang)
6–7 Sichuan-Pfefferkörner
1 ¹/₂ l neutrales Pflanzenöl
zum Fritieren
nach Belieben: rote Paprikastreifen
zum Garnieren

Zubereitungszeit: 45 Min.

Pro Portion: 4300 kJ/1000 kcal

1 Die Ente innen und außen waschen, trockentupfen und auf einen großen feuerfesten Teller legen, der in einen Bambusdämpfer paßt. Danach die Ente mit Salz und Sojasauce einreiben und mit Reiswein beträufeln.

2 Die Frühlingszwiebel putzen und waschen, den Ingwer schälen. Beides in feine Streifen schneiden. Sternanis, Zimt, Frühlingszwiebel- und Ingwerstreifen auf die Ente geben. Den Teller in den Dämpfer stellen, diesen verschließen. In einem großen Topf oder Wok 1 ¹/₂ l Wasser aufkochen. Den Dämpfer darauf stellen und die Ente bei starker Hitze etwa 30 Min. dämpfen. Falls Sie keinen Bambusdämpfer haben, siehe Info S. 50.

3 Inzwischen Sichuan-Pfefferkörner zerstoßen und in einem Schälchen mit etwas Salz mischen. Die Ente aus dem Dämpfer nehmen, abtropfen lassen. Öl zum Fritieren in einem Wok bei starker Hitze heiß werden lassen, bis an einem ins Öl getauchten Holzstäbchen kleine Bläschen aufsteigen. Die Ente ins Öl zum Fritieren geben. Vorsicht, Spritzgefahr! Nach etwa 3 Min., wenn die Haut kross geworden ist, die Ente herausnehmen, zerlegen und zusammen mit der Salz-Pfeffer-Mischung als Dip servieren. Nach Belieben mit Paprikastreifen garnieren.

Variante: Man kann die Ente vor dem Dämpfen auch mit zerstoßenen Sichuan-Pfefferkörnern und Salz innen und außen einreiben und etwa 2 Std. später zusammen mit den oben angegebenen Zutaten dämpfen. Danach die Zutaten entfernen und die Ente mit Sojasauce bestreichen, kurz antrocknen lassen, erst dann fritieren.

Hühnerbrust mit Walnüssen

Jiang Bao Ji Pu Ding He Tao

Wintergericht · Gelingt leicht

Zutaten für 4 Portionen:
300 g Hühnerbrust,
ohne Haut und Knochen
2 TL Speisestärke
1 Eiweiß · 2 EL Reiswein
100 g Walnußkerne
5 EL neutrales Pflanzenöl
1 EL helle Sojabohnenpaste
(etwa 20 g)
30 g Zucker · 1 EL Salz

Zubereitungszeit: 30 Min.

Pro Portion: 1700 kJ/400 kcal

1 Das Hühnerfleisch in etwa ¹/₂ cm große Würfel schneiden und mit Speisestärke, 1 Eiweiß und 1 EL Reiswein mischen. Die Walnußkerne nach Belieben halbieren oder vierteln. Einen Wok oder eine kleine Pfanne erhitzen. 4 EL Öl hineingeben. Die Walnüsse darin unter Rühren bei mittlerer Hitze etwa 2 Min. braten. Herausnehmen und beiseite stellen. Das Hühnerfleisch ins verbliebene Öl geben und unter Rühren etwa 2 Min. braten. Herausnehmen und beiseite stellen.

2 Restliches Öl in den Wok geben, die Bohnenpaste darin bei schwacher Hitze unter Rühren etwa 1 Min. erwärmen. Zucker, Salz und restlichen Reiswein dazugeben, kurz weiter erwärmen, Hühnerwürfel und Walnüsse untermischen, etwa 1 Min. gut verrühren. Sofort servieren. Nach Belieben mit einer »Möhren-Blume« garnieren.

Info: Falls Sie die helle Sojabohnenpaste nicht bekommen, ersetzen Sie sie durch eine andere, in der Konsistenz feine Sojabohnenpaste.

Hähnchen Shandonger Art

Deftig · Braucht etwas Zeit   Shandong Shao Ji

Zutaten für 4 Portionen:
1 Hähnchen (etwa 1 kg),
küchenfertig vorbereitet
2 Frühlingszwiebeln
50 g Ingwer
1 Bund Koriander
1 kleine grüne Paprikaschote
(etwa 50 g)
200 ml dunke Sojasauce
120 ml Reiswein + 1 TL Reiswein
100 g Zucker
2 Zimtstangen (je etwa 7 cm)
4 Sternanis
1 l neutrales Pflanzenöl
1 EL helle Sojasauce
Salz
50 ml Hühnerbrühe
(selbstgemacht oder instant)
1 TL dunkler Reisessig
1 TL Sesamöl

Zubereitungszeit: 1 Std.

Pro Portion: 2200 kJ/520 kcal

1 Das Hähnchen innen und außen waschen, dann in einem passenden Topf mit kochendem Wasser bedeckt etwa 10 Min. garen. Inzwischen die Frühlingszwiebeln putzen, waschen und 1 Zwiebel für die Sauce fein hacken und beiseite stellen, die andere in 10 cm lange Stücke schneiden. Den Ingwer schälen und etwa 20 g davon für die Sauce fein hacken und beiseite stellen, den Rest für die Brühe in Scheiben schneiden. Den Koriander waschen, trockenschütteln und fein hacken. Die Paprika waschen, halbieren, von Stiel und Kernen befreien, dann fein hacken.

2 Das Hähnchen aus dem Topf nehmen. Mit einem Schaumlöffel den Schaum von der Brühe abschöpfen, dann dunkle Sojasauce, 120 ml Reiswein, Zucker, Zimtstangen, Sternanis, die Frühlingszwiebelstücke und die Ingwerscheiben in die Brühe geben. Die Brühe zum Kochen bringen, das Hähnchen wieder hineingeben, zugedeckt bei schwacher Hitze etwa 15 Min. köcheln lassen. Das Hähnchen herausnehmen, abkühlen lassen und trockentupfen.

3 Öl in einem Wok bei starker Hitze heiß werden lassen, bis an einem ins Öl getauchten Holzstäbchen Bläschen aufsteigen. Das Hähnchen darin etwa 2 Min. fritieren, Vorsicht, Spritzgefahr! Dann das Hähnchen herausnehmen, abkühlen lassen und in etwa 5 cm lange und 2 cm breite Stücke schneiden (mit Knochen). Öl aus dem Wok gießen und den Wok spülen.

4 Die Hähnchenstücke in eine feuerfeste Form legen, die in einen Bambusdämpfer paßt, darüber 4 EL von der Würzbrühe gießen. Dann die Form in einen Bambusdämpfer stellen, den Dämpfer verschließen. $\frac{1}{2}$ l Wasser in einem Topf oder Wok zum Kochen bringen. Den Dämpfer darauf stellen und das Hähnchen über dem heißen Dampf etwa 10 Min. dämpfen. Falls Sie keinen Bambusdämpfer haben, siehe Info.

5 Die Paprika, den Koriander, die gehackte Frühlingszwiebel und den Ingwer, helle Sojasauce, Salz, Hühnerbrühe, 1 TL Reiswein, Essig und Sesamöl in einer Schüssel zu einer Sauce verrühren. Beim Essen die Hähnchenstücke in die Sauce tauchen.

Info: Wenn Sie keinen Bambusdämpfer haben oder ihn in der passenden Größe nicht bekommen, können Sie eine feuerfeste Form oder einen Teller mit dem Fleisch auch (zugedeckt) auf einen großen Siebeinsatz geben und diesen in den mit Wasser gefüllten Topf oder Wok stellen bzw. hängen. Sie können aber auch eine hitzebeständige Tasse in einen passenden Topf stellen, etwa 5 cm hoch Wasser angießen, den Teller mit dem Fleisch darauf stellen und das Fleisch zugedeckt bei starker Hitze dämpfen. Dabei eventuell mehrmals Wasser nachgießen.

Tip! Statt Hähnchen können Sie für dieses Gericht auch Stubenküken verwenden. Die Würzbrühe können Sie zur weiteren Verwendung aufheben.

Huhn mit Kastanien

Herbstgericht · Gelingt leicht   **Li Zi Men Ji**

Zutaten für 4 Portionen:
1 Hähnchen (etwa 1 kg),
küchenfertig vorbereitet
1 Frühlingszwiebel
2 dünne Scheiben Ingwer
3 EL neutrales Pflanzenöl
2 EL Reiswein
4 EL dunkle Sojasauce
Salz
1 EL Zucker
300 ml Hühnerbrühe
(selbstgemacht oder instant)
200 g Eßkastanien (Maronen)
250 g Broccoli

Zubereitungszeit: 50 Min.

Pro Portion: 1900 kJ/450 kcal

1 Das Hähnchen innen und außen waschen, das Fleisch von den Knochen lösen, dann in Würfel von etwa 3 cm Kantenlänge schneiden. Frühlingszwiebel putzen, waschen und kleinschneiden. Ingwer schälen und kleinschneiden.

2 In einem Wok 2 EL Öl bei mittlerer Hitze in etwa 3 Min. heiß werden lassen. Frühlingszwiebel und Ingwer dazugeben, unter Rühren kurz anbraten. Hähnchen dazugeben, bei starker Hitze unter Rühren etwa 5 Min. anbraten. Reiswein, Sojasauce, Salz und Zucker untermischen und nochmals etwa 1 Min. unter Rühren schmoren. Hühnerbrühe angießen. Aufkochen lassen, zudecken und bei schwacher Hitze etwa 15 Min. schmoren.

3 Inzwischen die Kastanien an der Spitze kreuzweise einschneiden, dann in einem Topf bei mittlerer Hitze etwa 5 Min. in Wasser kochen, kalt abschrecken, schälen, zum Hähnchen geben und etwa 5 Min. mitschmoren.

4 Inzwischen Broccoli waschen und die Röschen in etwa 5 cm große Stücke schneiden. In einem Topf 1/2 l Wasser zum Kochen bringen. Broccoliröschen ins Wasser geben, 1 EL Öl und etwas Salz dazugeben. Etwa 1 Min. sprudelnd kochen lassen, dann herausnehmen, abtropfen lassen und auf einen runden Teller legen.

5 Hähnchen aus dem Wok nehmen und auf die Broccolistücke legen. Kastanien um das Hähnchen herumlegen. 3–4 EL der Sauce darüber gießen.

Scharfe Hähnchenflügel

Aus Shandong · Gelingt leicht | **Ma La Ji Yi**

Zutaten für 2 Portionen:
12 Hähnchenflügel
1 Frühlingszwiebel
2 dünne Scheiben Ingwer
25 g Sichuan-Pfefferkörner
2 frische Korianderzweige
4 EL neutrales Pflanzenöl
2 EL Zucker
4 EL dunkle Sojasauce
Salz
3 getrocknete Chilischoten
1 TL Speisestärke

Zubereitungszeit: 40 Min.

Pro Portion: 2600 kJ/620 kcal

1 Die Hähnchenflügel waschen, 4–5 cm von den Spitzen abschneiden. Hähnchenflügel in einem Topf mit etwa ½ l Wasser zum Kochen bringen, dann bei schwacher Hitze etwa 10 Min. offen weiter köcheln. Hähnchenflügel herausnehmen und abtropfen lassen. 100 ml von der Hühnerbrühe aufheben.

2 Frühlingszwiebel putzen, waschen und in etwa 5 cm lange Stücke schneiden. Ingwer schälen. Sichuan-Pfeffer in ein Stoffsäckchen füllen und zubinden. Koriander waschen, fein schneiden, und beiseite stellen.

3 Das Öl in einem Wok bei mittlerer Hitze heiß werden lassen, Zucker dazugeben und unter Rühren braun werden lassen, Sojasauce und Salz dazugeben, ein paar Sekunden zudecken, dann die

Hühnerbrühe, Ingwer, Frühlingszwiebel, Sichuan-Pfeffer, getrocknete Chilischoten und die Hähnchenflügel dazugeben, alles aufkochen lassen. Dann die Hitze reduzieren und offen etwa 15 Min. bei schwacher Hitze köcheln lassen. Hin und wieder umrühren.

4 Wenn im Wok nicht mehr viel Flüssigkeit übrig ist, Ingwer, Frühlingszwiebel und das Sichuan-Pfeffer-Säckchen entfernen. Die Speisestärke mit 2 EL Wasser anrühren, untermischen, alles kurz aufkochen lassen. Die Hähnchenflügel auf einem Teller anrichten und den Koriander darüber streuen.

Getränk: Dazu paßt ein kühles Pils, das den scharfwürzigen Geschmack mildert.

Huhn mit Donggu-Pilzen

Wintergericht · Gelingt leicht **Qing Zheng Dong Gu Ji**

Zutaten für 4 Portionen:
1 Hähnchen (etwa 1,25 kg),
küchenfertig vorbereitet
70 g getrocknete Donggu-Pilze
1 Frühlingszwiebel
2 dünne Scheiben Ingwer
Salz
2 EL Reiswein

Zubereitungszeit: 30 Min.
(+ 1 Std. Dämpfen)

Pro Portion: 1400 kJ/330 kcal

1 Das Huhn innen und außen waschen, abtropfen lassen und den Rücken längs durchschneiden. Dann in einem Topf in 1 l Wasser etwa 15 Min. zugedeckt bei mittlerer Hitze köcheln. Inzwischen die Donggu-Pilze in warmem Wasser etwa 10 Min. einweichen. Die Frühlingszwiebel putzen, waschen und in etwa 5 cm lange Stücke schneiden. Den Ingwer schälen. Pilze herausnehmen, waschen, große Pilze halbieren.

2 Huhn aus dem Topf nehmen, Brühe aufheben. Huhn mit der Brust nach unten in eine feuerfeste Form legen, die für das Servieren geeignet ist und in einen Bambusdämpfer paßt.

3 Pilze, Frühlingszwiebel und Ingwer auf das Huhn geben, mit Salz und Reiswein würzen. ³/₄ l von der Hühnerbrühe durch ein Haarsieb geben und über das Huhn gießen. Die Form mit einer hitzebeständigen Folie verschließen und in den Bambusdämpfer stellen.

4 In einem Topf, der für den Bambusdämpfer groß genug ist, 1 ¹/₂ l Wasser zum Kochen bringen. Den Dämpfer auf den Topf setzen und verschließen. Das Huhn so zugedeckt etwa 1 Std. dämpfen. Falls Sie keinen Bambusdämpfer haben, siehe Info S. 50. Vor dem Servieren Frühlingszwiebel und Ingwer entfernen. Das Huhn ganz oder kleingeschnitten servieren.

Donggu-Pilze

»Donggu« (Shiitake) heißen wörtlich übersetzt »Winter-Pilze«, weil sie im Winter wachsen. Aufgrund ihres köstlichen Aromas heißen sie im Chinesischen auch »Xianggu«, wörtlich »Wohlduftende Pilze«. Sie werden auf Eichenstämmen und Shii-Bäumen gezüchtet und per Hand von den Bäumen gepflückt. Nach der Ernte werden sie getrocknet. In der Regel sind die dicken Pilze von besserer Qualität als die dünnen. Donggu-Pilze gibt es auch frisch zu kaufen, sie schmecken jedoch nicht so intensiv wie die getrockneten, die außerdem noch 3–4 Monate haltbar sind. Donggu-Pilze enthalten viele B-Vitamine. Sie stärken umfassend

Donggu-Pilze werden frisch oder getrocknet verkauft.

die Abwehrkräfte des Körpers und gelten daher als wirksames Mittel zur Krebsvorbeugung und -bekämpfung. In der chinesischen Küche sind die Pilze sehr beliebt, besonders in der vegetarischen Küche. Sie lassen sich sehr

gut mit anderen Zutaten kombinieren, vor allem mit Gemüse, Fleisch oder Geflügel. Vor der Zubereitung muß man die getrockneten Donggu-Pilze etwa 10 Min. in warmem Wasser einweichen.

»Bao-Bao«-Huhn

Festlich · Braucht etwas Zeit

Ba Bao Quan Ji

Zutaten für 4 Portionen:
1 Poularde (etwa 1,25 kg),
küchenfertig vorbereitet
200 ml Hühnerbrühe
(selbstgemacht oder instant)
80 g Langkornreis
20 g getrocknete Donggu-Pilze
25 g getrocknete Lotoskerne
20 g getrocknete Rotdatteln
20 g Bambussprossen in Stücken
(aus der Dose)
25 g Eßkastanien (Maronen)
25 g Ginkgobaum-Früchte
25 g milder roher Schinken
2 EL neutrales Pflanzenöl
Salz
1 gehäufter EL Zucker
Reiswein
dunkle Sojasauce
1 TL Speisestärke
außerdem:
Küchengarn

Zubereitungszeit: 1 Std.
(+ 1 Std. Dämpfen)

Pro Portion: 1900 kJ/450 kcal

1 Die Poularde innen und außen waschen, trockentupfen. Brühe in einem Topf zum Kochen bringen, Reis darin etwa 10 Min. zugedeckt bei schwacher Hitze köcheln lassen, in ein Sieb abschütten, Brühe dabei auffangen, beiseite stellen.

2 Reis abtropfen lassen. Donggu-Pilze in warmem Wasser etwa 10 Min. einweichen, waschen und in etwa 7 mm große Würfel schneiden. Lotoskerne in warmem Wasser etwa 10 Min. einweichen, die grünen Keime entfernen. Rotdatteln waschen, entkernen und in kleine Stücke schneiden. Bambussprossen etwa 1 Min. in Wasser sprudelnd kochen, abgießen, in etwa 7 mm große Würfel schneiden. Kastanien und Ginkgobaum-Früchte schälen. Schinken in etwa 3 mm kleine Stücke schneiden.

3 Einen Wok bei mittlerer Hitze erwärmen. Das Öl angießen und in etwa 3 Min. heiß werden lassen. Pilze, Lotoskerne, Datteln, Bambussprossen, Kastanien, Ginkgobaum-Früchte und Schinken darin unter Rühren etwa 2 Min. anbraten, den Reis dazugeben, mit Salz, Zucker, 2 EL Reiswein und 1 EL Sojasauce würzen, gut durchrühren.

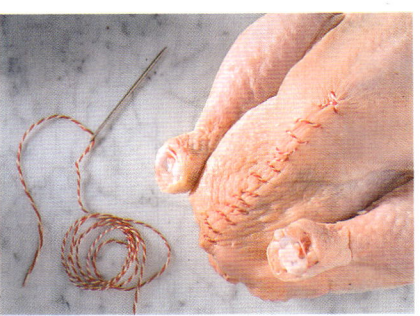

4 Die Füllung in die Poularde geben, dann den Bauch mit Küchengarn gut zunähen. Die Poularde mit der Brust nach oben in eine Form geben, die in einen Bambusdämpfer paßt. Die Form mit einer hitzebeständigen Folie verschließen. In einem Topf 1 ½ l Wasser aufkochen. Den Dämpfer auf den Topf stellen, schließen und die Poularde etwa 1 Std. dämpfen. Falls Sie keinen Bambusdämpfer haben, siehe Info S. 50.

5 Die Form mit der Poularde aus dem Dämpfer nehmen. Die Flüssigkeit aus der Form in einen Topf abgießen, die beiseite gestellte Brühe dazugießen und zum Kochen bringen, mit 1 Prise Salz, einem Schuß Reiswein und Sojasauce würzen. Stärke mit 2 TL Wasser anrühren und untermischen. Noch einmal aufkochen, dann über die Poularde gießen. Poularde im Ganzen servieren, nach Belieben vorher kleinschneiden.

Variante: Sie können die Poularde auch bei 200° (Mitte, Umluft 180°) im Backofen 30–40 Min. braten. Versuchen Sie es einmal mit Duftreis. Durch den schönen Duft vom Reis hat das Gericht ein noch besseres Aroma.

Info: Rotdatteln, auch chinesische Datteln genannt, sind eigentlich Jujuben. Sie sind olivenförmig und werden auch im Mittelmeerraum angebaut. Gewöhnlich in der Sonne getrocknet, werden sie in der chinesischen Küche für Süßspeisen und in der traditionellen Medizin als Heilmittel verwendet. Das sogenannte Bao-Bao, auf deutsch »Acht Kostbarkeiten«, sind in der Regel Zutaten, die man nicht jeden Tag verwendet. Es kommt dabei auf die Phantasie an. Wenn Sie z.B. keine Ginkgobaum-Früchte bekommen, können Sie diese durch dieselbe Menge Walnüsse ersetzen.

Huhn mit schwarzen Bohnen

Aus Peking · Gelingt leicht Jiang Ya Dou Chi Ji

Zutaten für 4 Portionen:
400 g Hühnerbrust,
ohne Haut und Knochen
75 g junger Ingwer
1 Stück Frühlingszwiebel
(etwa 10 cm lang)
50 g fermentierte schwarze Bohnen
300 ml Hühnerbrühe
(selbstgemacht oder instant)
Salz · 1 EL Reiswein
1 TL Zucker
1 EL dunkle Sojasauce
1 EL Speisestärke
3 EL neutrales Pflanzenöl
zum Braten
nach Belieben: 1 Stück Möhre
zum Garnieren

Zubereitungszeit: 30 Min.

Pro Portion: 990 kJ/240 kcal

1 Das Hühnerfleisch waschen, trockentupfen und in etwa 2 cm große Würfel schneiden. Ingwer schälen und in dünne Streifen schneiden. Frühlingszwiebel putzen, waschen und fein hakken. Die fermentierten schwarzen Bohnen kleinhacken. Die Hühnerbrühe, Salz, Reiswein, Zucker, Sojasauce, Frühlingszwiebel und Speisestärke in einer Schüssel zu einer Sauce mischen.

2 Einen Wok oder eine Pfanne erwärmen, das Öl angießen und in etwa 3 Min. bei mittlerer Hitze heiß werden lassen. Das Hühnerfleisch und die gehackten Bohnen darin unter Rühren etwa 2 Min. anbraten, dann Ingwer und die Sauce dazugeben. Alles zugedeckt bei schwacher Hitze etwa 2 Min. köcheln lassen, bis die Sauce dicklich wird. Nach Belieben ein Stück Möhre in

8 Scheiben schneiden. Mit einem Ausstecher z.B. Blumen ausstechen und das Gericht damit garnieren.

Info: Das Originalrezept verwendet eigentlich statt Hühnerbrust Hähnchenfleisch, das man von den Knochen befreit. Weil das viel Arbeit bedeutet, haben wir hier Hühnerbrust genommen.

Tip! Falls Sie keinen jungen Ingwer bekommen können, nehmen Sie 50 g normalen Ingwer. Beim Kauf sollten Sie aber darauf achten, daß der Ingwer nicht zu viele Fasern hat.

58

Fermentierte Bohnen

Die fermentierten schwarzen Bohnen, auf chinesisch »Dou Chi«, werden als Würzmittel in erster Linie für Fisch, Geflügel und Fleisch verwendet. Ihr Geschmack regt den Appetit stark an, daher sollte man nicht zuviel verwenden. Man kann die Bohnen sowohl ganz als auch kleingehackt im heißen Öl kurz braten. Das Herstellungsverfahren ist wie folgt: Ausgesuchte Sojabohnen werden zuerst eingeweicht, gedämpft, mit einem Gärmittel und ein bißchen Mehl gemischt, dann in Behälter gefüllt. Nach einem

Fermentierte Bohnen haben eine appetitanregende Wirkung.

Gärungsprozeß von 3–4 Tagen wird Salz und Sojasauce beigemischt. Die Bohnen werden anschließend in einem Krug verschlossen 2–3 Monate gelagert. Im letzten Arbeitsschritt werden die Bohnen luftgetrocknet. Es gibt auch fermentierte Bohnen ohne Salz und Sojasauce. Sie werden jedoch nur als Heilmittel in der traditionellen chinesischen Medizin verwendet.

Stubenküken mit Paprika

Aus Shandong · Gelingt leicht   Chao La Zi Ji

Zutaten für 2 Portionen:
1 Stubenküken (etwa 400 g),
küchenfertig vorbereitet
1 rote Paprikaschote
3 TL neutrales Pflanzenöl
zum Braten
Salz
2 TL dunkle Sojasauce
1 TL Reiswein

Zubereitungszeit: 20 Min.

Pro Portion: 1400 kJ/330 kcal

1 Das Stubenküken innen und außen waschen, trockentupfen, die Spitzen der Flügel abschneiden und das Küken in etwa 2 cm große Würfel schneiden (mit Knochen). Paprika waschen, halbieren, Kerne und Stiel entfernen, dann die Paprika in etwa 2 cm große Stücke schneiden.

2 Das Öl in einem Wok bei mittlerer Hitze heiß werden lassen. Kükenstücke darin etwa 5 Min. unter Rühren braten, dann Salz, Sojasauce und Reiswein untermischen, nochmals unter Rühren etwa 1 Min. schmoren, dann die Paprikastücke dazugeben. Alles unter Rühren weitere 2 Min. schmoren und servieren.

Variante: Sie können die Zutaten durch 30 g Donggu-Pilze erweitern. Dazu die Donggu-Pilze etwa 10 Min. in warmem Wasser einweichen, abgießen, kleinschneiden und zusammen mit den Paprikastücken zu den Kükenwürfeln geben. Falls Ihnen das Essen mit den Knochen zu umständlich ist, können Sie auch etwa 300 g Hühnerbrust nehmen. Vor dem Braten wird die Hühnerbrust in etwa 2 cm große Würfel geschnitten, mit 1 TL Stärke und 1 EL Wasser verrührt. Der Geschmack ist dann allerdings etwas anders.

Hühnerbrust mit Ananas

Süßsauer · Gelingt leicht   Bo Luo Ji Pian

Zutaten für 2 Portionen:
300 g Hühnerbrust,
ohne Haut und Knochen
2 Eiweiß
1 EL Speisestärke
1 EL Reiswein · Salz
1 TL Zucker
3 EL neutrales Pflanzenöl
1 Dose ungezuckerte Ananasstücke
(125 g Abtropfgewicht)

Zubereitungszeit: 20 Min.

Pro Portion: 1500 kJ/360 kcal

1 Die Hühnerbrust waschen, trockentupfen und in etwa 4 cm lange, 2 cm breite, dünne Scheiben schneiden. Das Fleisch mit Eiweiß und Stärke vermischen. Reiswein mit Salz und Zucker in einer Schüssel zu einer Sauce mischen.

2 Einen Wok oder eine Pfanne bei mittlerer Hitze erwärmen, das Öl angießen und in etwa 3 Min. heiß werden lassen. Das Hühnerfleisch darin unter Rühren 2–3 Min. braten. Die Ananasstücke abgießen, dann dazugeben, die Sauce angießen und alles unter schnellem Rühren etwa 1 Min. braten.

Info: Das Originalrezept verwendet außerdem noch junge Blätter von Zuckererbsen (siehe Foto). Da diese in Deutschland nicht zu kaufen sind, wurden sie hier im Rezept nicht verwendet. Wenn Sie dennoch beim Bauern welche bekommen können, nehmen Sie 200 g junge Blätter von Zuckererbsen und geben Sie sie geputzt, gewaschen und abgetropft mit den Ananasstücken zum Hühnerfleisch. Die jungen Erbsenblätter schmecken nicht nur sehr gut, sondern sehen in Kombination mit den anderen Zutaten auch sehr hübsch aus.

Feuertopf

Wintergericht · Festessen

Shuan Yang Rou

Zutaten für 4–6 Portionen:
1 kg mageres Lammfleisch, aus
Keule oder Schulter
(etwa 2 cm dick)
25 g getrocknete Donggu-Pilze
80 g Glasnudeln
250 g Chinakohlblätter
Für die Sauce:
2 EL fermentierter Bohnenkäse
2 EL Sesampaste
100 ml helle Sojasauce
½ TL Chiliöl
2 EL Sesamöl
1 Bund Koriander
1 ½–2 l Hühnerbrühe,
(selbstgemacht oder instant)

Zubereitungszeit: 1 Std.
(+ 2 Std. Anfrieren)

Bei 6 Portionen pro Portion:
1300 kJ/310 kcal

1 Das Lammfleisch im Gefrierfach etwa 2 Std. anfrieren, damit es sich besser schneiden läßt, dann in etwa 5 cm lange, hauchdünne Scheiben schneiden und auf Tellern anrichten.

2 Die Donggu-Pilze in einer Schüssel mit warmem Wasser etwa 10 Min. einweichen, die Glasnudeln in einer anderen Schüssel mit heißem Wasser bedekken und ebenfalls etwa 10 Min. einweichen. Die Chinakohlblätter putzen, waschen und mit Küchenpapier trockentupfen, dann in etwa 8 cm lange, 3 cm breite Stücke schneiden und auf Tellern anrichten.

3 Den fermentierten Bohnenkäse mit der Sesampaste, der Sojasauce, dem Chili- und Sesamöl verrühren und in Schälchen verteilen. Den Koriander waschen, trockenschütteln, Blättchen abzupfen, kleinschneiden und in Schälchen verteilen.

4 Die Glasnudeln aus dem Wasser nehmen, einmal durchschneiden und auf Tellern anrichten. Die Pilze abgießen, von den Stielen befreien, halbieren, waschen, trockentupfen und in die Brühe für den Feuertopf geben. Die Brühe in einem Topf auf dem Herd zum Kochen bringen und dann in den Feuertopf umfüllen. Den Feuertopf anheizen.

5 Beim Essen gart jeder die gewünschten Zutaten in einem kleinen Sieb in der heißen Brühe 1–2 Min., dann dippt man sie vor dem Essen in die Sauce. Die rohen Korianderblätter kann man entweder zusammen mit den Zutaten oder einfach so essen. In China wird allerdings zuerst das Lammfleisch gegessen, erst danach die Pilze, Glasnudeln und Chinakohlblätter.

Info: Statt eines chinesischen Feuertopfs können Sie auch einen Fonduetopf nehmen. Die kleinen Siebe gibt es in fast allen Asien-Läden. Der fermentierte Bohnenkäse ist dagegen nur in einigen Asien-Läden erhältlich. Aber auch ohne den Bohnenkäse schmeckt die Sauce sehr gut. Dann sollten Sie aber nur 4 EL Sojasauce verwenden. Für die Sauce nimmt man in Peking auch noch eingesalzene Schnittlauchblüten, die in den hiesigen Asien-Läden kaum angeboten werden. Deshalb haben wir auf sie verzichtet. Falls Sie aber chinesischen Schnittlauch (Jiu Cai) bekommen können, mischen Sie 50 g feingehackten Jiu Cai in die Sauce.

Tip! Zu diesem Gericht passen chinesische Teigfladen (siehe S. 42, Schritt 5 und 6) sehr gut. Sie können statt dessen aber auch dünnes Baguette nehmen. In China wird dieses Gericht nur im Winter gegessen, weil nach den chinesischen Vorstellungen das Lammfleisch dem Körper viel Wärme gibt. Neben den oben angegebenen Zutaten werden aber auch nach Belieben Fisch, Garnelen, Hühnerfleisch, Tofu oder nur vegetarische Zutaten verwendet. Sie können in dieser Hinsicht eigentlich nichts falsch machen.

Lammfleisch mit Sesam

Aus Peking · Gelingt leicht

Zhi Ma Yang Rou

Zutaten für 2–3 Portionen:
300 g Lammkeule, ohne Knochen
1 Frühlingszwiebel
1 etwa walnußgroßes Stück Ingwer
(20 g)
Salz
weißer Pfeffer, frisch gemahlen
2 EL Reiswein
2 Eiweiß
3 EL Speisestärke
4 Eier
¹/₂ l neutrales Pflanzenöl
zum Fritieren
50 g weißer Sesam

Zubereitungszeit: 40 Min.

Bei 3 Portionen pro Portion:
2900 kJ/690 kcal

1 Das Lammfleisch waschen, trockentupfen und ganz fein hacken oder durch den Fleischwolf drehen. Die Frühlingszwiebel waschen, putzen und fein hacken. Den Ingwer schälen und fein hacken. Das Lammfleisch mit Frühlingszwiebel, Ingwer, Salz, Pfeffer und Reiswein in einer Schüssel vermischen und etwa 10 Min. marinieren. Inzwischen das Eiweiß mit der Stärke in einer anderen Schüssel gründlich verrühren.

2 Die Eier in einer Schüssel aufschlagen und mit 1 Prise Salz verquirlen. Eine Pfanne bei schwacher Hitze erwärmen und mit etwas von dem Öl auspinseln. Die Hälfte der Eiermasse in der Pfanne durch Schwenken sehr dünn verteilen und bei schwacher Hitze in 3–4 Min. stocken lassen. Das Eier-Omelette herausheben, mit der anderen Hälfte der Eiermasse genauso verfahren. Beide Eier-Omelettes auf einem Teller abkühlen lassen.

3 Das Lammfleisch in 2 Portionen teilen, jede Portion zu einem etwa 12 cm langen, 6 cm breiten und 1 ¹/₂ cm dicken Stück formen. Jedes Stück in ein Eier-Omelett gut einwickeln. Anschließend vollständig mit der Eiweiß-Stärke-Masse bestreichen.

4 Sesam gleichmäßig über die Stücke streuen, danach den Sesam leicht festdrücken. Jedes Lammfleischpäckchen soll möglichst ganz mit Sesam bedeckt sein.

5 Das Öl in einer Pfanne bei mittlerer Hitze heiß werden lassen, bis an einem ins Öl eingetauchten Holzstäbchen Bläschen aufsteigen. Lammfleischpäckchen vorsichtig in das Öl hineingleiten lassen. Vorsicht, Spritzgefahr! Bei mittlerer Hitze etwa 3 Min. fritieren, dann vorsichtig wenden und weitere 3 Min. fritieren, bis sie goldgelb und knusprig sind. Mit einen Schaumlöffel herausnehmen und das Fett abtropfen lassen. Vor dem Servieren die Päckchen der Länge und Breite nach einmal durchschneiden.

Variante: Sie können statt Lammfleisch nach Belieben auch Schweinehackfleisch nehmen.

Lammspießchen

Kao Yang Rou Chuan

Zutaten für 4 Portionen:
500 g Lammfleisch aus der Keule,
ohne Knochen (etwa 2 cm dick)
2 Frühlingszwiebeln
1 etwa walnußgroßes Stück Ingwer
(20 g)
2 Knoblauchzehen
2 EL Reiswein
2 EL helle Sojasauce
Salz
1 TL Sesamöl
außerdem: Holzspieße

Zubereitungszeit: 45 Min.

Pro Portion: 1400 kJ/330 kcal

1 Das Lammfleisch in etwa 3 cm lange, 2 cm breite, dünne Scheiben schneiden. Die Frühlingszwiebeln putzen, waschen und in etwa 3 cm lange Stücke schneiden. Den Ingwer und den Knoblauch schälen und in dünne Scheiben schneiden.

2 Das Lammfleisch mit Frühlingszwiebeln, Ingwer, Knoblauch, Reiswein, Sojasauce, 1 Prise Salz und Sesamöl verrühren und etwa 30 Min. marinieren. Inzwischen den Holzkohlegrill anheizen.

3 Das Lammfleisch mit Frühlingszwiebeln, Ingwer und Knoblauch abwechselnd auf Spieße stecken, dann auf dem Holzkohlegrill in etwa 3 Min. gar grillen.

Getränk: Probieren Sie dazu einen trockenen Rosé aus der Provence oder ein helles Bier.

Variante: Statt das Lammfleisch mit den angegebenen Zutaten zu marinieren, kann man das Fleisch auch zuerst auf Spieße stecken, dann auf dem Holzkohlegrill grillen. Dabei die Spießchen zweimal mit Sojasauce bestreichen, danach mit einer Mischung aus 6–7 zerstoßenen Sichuan-Pfefferkörnern, 1 TL Paprikapulver (scharf) und 1 Prise Salz bestreuen und zum Schluß beide Seiten mit Sesamöl beträufeln. Sie können die Lammspießchen natürlich auch im vorgeheizten Elektrogrill zubereiten.

Lammfleisch mit Lauch

Cong Bao Yang Rou

Zutaten für 2 Portionen:
300 g Lammfleisch aus der Keule,
ohne Knochen (etwa 2 cm dick)
1 EL dunkle Sojasauce
2 EL Reiswein
2 TL Sesamöl · 200 g Lauch
2 Knoblauchzehen
4 EL neutrales Pflanzenöl
Salz
1 TL dunkler Reisessig

Zubereitungszeit: 30 Min.

Pro Portion: 2500 kJ/600 kcal

1 Das Lammfleisch quer zur Faser in etwa 5 cm lange, 2 cm breite, dünne Scheiben schneiden. Das Fleisch mit je der Hälfte der Sojasauce, des Reisweins und des Sesamöls verrühren. Lauch putzen, waschen und leicht schräg in etwa 2 cm breite Stücke schneiden. Knoblauch schälen und fein pressen.

2 Einen Wok oder eine Pfanne bei mittlerer Hitze erwärmen. Das Öl angießen und in etwa 3 Min. heiß werden lassen. Den Knoblauch darin kurz anbraten.

3 Dann das Fleisch bei starker Hitze unter Rühren kurz anbraten und die restliche Sojasauce sowie den restlichen Reiswein angießen, Salz untermischen und unter Rühren etwa 1 Min. weiter schmoren. Danach den Lauch dazugeben und unter Rühren etwa 1/2 Min. weiter schmoren. Mit Essig und dem restlichen Sesamöl beträufeln und gut vermischen.

Tip! Dieses Gericht ist in Peking im Winter sehr beliebt. Es muß sehr schnell zubereitet werden. Die Gesamtdauer des Bratvorgangs sollte 2 Min. nicht überschreiten, sonst wird das Fleisch zäh. Statt Lauch können Sie auch Frühlingszwiebeln nehmen.

Scharfes Rinderfilet

Sheng Jian Niu Liu

Zutaten für 2–3 Portionen:
400 g Rinderfilet
1 Frühlingszwiebel
1 dünne Scheibe Ingwer
2 TL Reiswein
1 EL scharfe Sojasauce
1 EL Sesamöl
Salz
schwarzer Pfeffer, frisch gemahlen
1 Ei
2 Knoblauchzehen
3 EL neutrales Pflanzenöl
zum Braten
2 EL Speisestärke
1 TL Zucker

Zubereitungszeit: 30 Min.

Bei 3 Portionen pro Portion:
1400 kJ/330 kcal

1 Das Rinderfilet waschen, trockentupfen und in etwa 2 cm dicke Scheiben schneiden. Die Frühlingszwiebel putzen, waschen und fein hacken. Den Ingwer schälen und fein hacken.

2 Das Fleisch mit Frühlingszwiebel, Ingwer, je der Hälfte des Reisweins, der scharfen Sojasauce und des Sesamöls, 1 Prise Salz sowie 1 Prise Pfeffer in einer Schüssel vermischen und etwa 5 Min. marinieren. Das Ei in einer anderen Schüssel mit 2 EL Wasser verquirlen. Den Knoblauch schälen und zerdrücken.

3 Eine Pfanne bei mittlerer Hitze erwärmen, das Öl angießen. Wenn das Öl nach etwa 3 Min. heiß ist, die Pfanne vom Herd nehmen. Ein Fleischstück in der Stärke wenden und durch die Eiermasse ziehen.

4 Dann das Fleischstück in die Pfanne geben, die anderen Stücke auch auf diese Weise in die Pfanne geben. Pfanne wieder auf die Herdplatte stellen und bei mittlerer Hitze das Fleisch beidseitig goldgelb braten. Herausnehmen und das Restöl aus der Pfanne gießen.

5 Das restliche Sesamöl und den Knoblauch in die Pfanne geben, bei schwacher Hitze kurz anbraten, den restlichen Reiswein angießen, dann die übrige scharfe Sojasauce, Zucker, 1 Prise Salz und das Fleisch dazugeben, alles etwa 2 Min. bei mittlerer Hitze schmoren, dabei ein- bis zweimal wenden.

Getränk: Dazu paßt ein kühles Pils.

Info: Wenn Sie in Ihrem Asien-Laden keine scharfe Sojasauce bekommen, mischen Sie einfach 1 EL helle Sojasauce mit 1 kleinen Schuß Chiliöl oder $\frac{1}{2}$ TL Sambal Oelek (Fertigprodukt).

Geröstetes Rinderfilet

Aus Peking · Etwas schwieriger

Gan Bian Niu Rou Si

Zutaten für 2 Portionen:
250 g Rinderfilet
30 g Stangensellerie
1 Frühlingszwiebel
2 dünne Scheiben Ingwer
6 Sichuan-Pfefferkörner
2 EL neutrales Pflanzenöl
Salz
1/2 TL scharfe Bohnenpaste
1 EL Sojasauce
1 Prise Zucker
1 EL Reiswein
1 EL dunkler Reisessig

Zubereitungszeit: 30 Min.

Pro Portion: 1000 kJ/240 kcal

1 Das Rindfleisch quer zur Faser in dünne Scheiben, dann in etwa 5 cm lange, feine Streifen schneiden. Den Sellerie und die Frühlingszwiebel putzen, waschen und in etwa 3 cm lange Stücke schneiden, eventuell noch ein- oder zweimal längs durchschneiden. Den Ingwer schälen und in feine Streifen schneiden. Die Sichuan-Pfefferkörner im Mörser zerstoßen.

2 Das Öl im Wok oder in einer Pfanne in etwa 3 Min. stark erhitzen. Das Rindfleisch hineingeben und unter schnellem Rühren braten, dann 1 Prise Salz dazugeben. Wenn das Fleisch bräunlich geworden ist, die Bohnenpaste, Sojasauce, Zucker und Reiswein dazugeben

und unter Rühren noch etwa 2–4 Min. schmoren. Wenn nicht mehr viel Flüssigkeit im Wok ist, den Sellerie untermischen, gut umrühren, kurz danach die Frühlingszwiebel und den Ingwer dazugeben. Mit Essig beträufeln. Unter Rühren noch etwa 1/2 Min. garen.

3 Das Rindfleisch (ohne Sellerie oder Frühlingszwiebel) auf einem Teller anrichten, mit zerstoßenem Sichuan-Pfeffer bestreuen und servieren.

Tip! Um das Fleisch richtig fein schneiden zu können, sollten Sie es vorher etwa 2 Std. anfrieren.

Schweineschmorbauch

Braucht etwas Zeit   **Kou Rou**

Zutaten für 4 Portionen:
500 g Schweinebauch, am Stück,
mit Schwarte, ohne Knochen
Salz
Reiswein
2 ¹/₂ EL dunkle Sojasauce
1 Frühlingszwiebel
1 etwa walnußgroßes Stück Ingwer
(20 g)
200 g Broccoli
1 l neutrales Pflanzenfett
zum Fritieren
2 Sternanis
1 Zimtstange (etwa 7 cm)
1 TL Zucker
nach Belieben: Möhrenscheibchen
zum Garniern

Zubereitungszeit: 50 Min.

Pro Portion: 2800 kJ/670 kcal

1 In einem kleinen Topf ¹/₂ l Wasser zum Kochen bringen, das Fleisch hineingeben, 1 Prise Salz und 1 Schuß Reiswein dazugeben und bei mittlerer Hitze zugedeckt etwa 20 Min. kochen. Das Fleisch herausnehmen, die Fleischbrühe zur weiteren Verwendung aufheben. Das Fleisch etwas abkühlen lassen, mit 1 EL Sojasauce bestreichen und etwa 5 Min. ziehen lassen. Inzwischen Frühlingszwiebel putzen, waschen und in etwa 10 cm lange Stücke schneiden. Ingwer schälen und in dünne Scheiben schneiden. Broccoli waschen und in Röschen teilen.

2 Öl in einem Wok bei starker Hitze heiß werden lassen, bis an einem ins Öl getauchten Holzstäbchen Bläschen aufsteigen. Das Fleisch darin etwa 3 Min. fritieren, dabei einmal vorsichtig wenden. Vorsicht, Spritzgefahr! Dann das Fleisch herausnehmen und in die Fleischbrühe geben.

3 Frühlingszwiebel, Ingwer, Sternanis, Zimtstange und Zucker auf das Fleisch geben, 2 EL Reiswein und die restliche Sojasauce darüber gießen. Zugedeckt bei schwacher Hitze etwa 20 Min. schmoren. Broccoliröschen in einem Topf mit Wasser bedeckt etwa 3 Min. sprudelnd kochen, abgießen, abtropfen lassen, dann mit 1 Prise Salz würzen.

4 Nach Ende der Schmorzeit Frühlingszwiebel, Ingwer, Sternanis und Zimtstange entfernen. Das Fleisch herausnehmen, abkühlen lassen, mit der Schwarte nach unten auf ein Hackbrett legen, in etwa 1¹/₂ cm dicke Scheiben schneiden. Das Fleisch auf einem Teller anrichten, die Broccoliröschen um das Fleisch legen und 2–3 EL Sauce über das Fleisch gießen. Nach Belieben mit Möhrenscheiben – geschnitzt oder ausgestochen – garnieren.

Info: Das Gericht schmeckt mit Schwarte zubereitet besonders gut.

Schweinebauch mit Mandeln

Xing He Rou

Zutaten für 4 Portionen, für eine feuerfeste Form von über 5 cm Höhe und 20 cm Ø:
100 g Mandeln
500 g Schweinebauch, mit Schwarte, ohne Knochen (etwa 4 cm dick)
1 Frühlingszwiebel
1 dünne Scheibe Ingwer
1 EL neutrales Pflanzenöl
2 EL brauner Kandiszucker
2 EL dunkle Sojasauce
1 EL Reiswein
2 TL Speisestärke

Zubereitungszeit: 40 Min.
(+ 50 Min. Garen)

Pro Portion: 2900 kJ/690 kcal

1 Mandeln in heißem Wasser etwa 10 Min. einweichen. Inzwischen das Schweinefleisch in etwa 4 cm große Würfel schneiden. Die Frühlingszwiebel putzen, waschen, in etwa 10 cm lange Stücke schneiden. Ingwer schälen. Mandeln aus dem Wasser nehmen, die Haut abziehen und die Mandeln in ein Stoffsäckchen geben.

2 Öl in einem Wok bei schwacher Hitze erwärmen. Den Zucker darin unter Rühren auflösen, dann das Fleisch dazugeben. Unter Rühren bei mittlerer Hitze etwa 3 Min. anbraten. Wird das Fleisch braun, Frühlingszwiebel, Ingwer, Sojasauce, Reiswein, 1/2 l Wasser und das Mandelsäckchen dazugeben. Nach dem Aufkochen etwa 50 Min. bei schwacher Hitze zugedeckt schmoren.

3 Den Wok vom Herd nehmen, das Säckchen herausnehmen, aufmachen. Die Mandeln in die Form schütten, das Fleisch mit der Schwarte nach unten darauf legen, 3–4 EL von der Dämpfbrühe darüber gießen. Die Form in einen Topf stellen, 4 cm Wasser um die Form angießen. Das Fleisch zugedeckt etwa 15 Min. bei starker Hitze dämpfen. Kurz vor Garzeitende Restbrühe im Wok zum Kochen bringen, Stärke mit 3 TL Wasser anrühren, untermischen, die Brühe damit binden. Die Form aus dem Topf nehmen. Einen Teller umgedreht auf die Form legen. Das Fleisch darauf stürzen. Die Sauce über das Fleisch und die Mandeln gießen und servieren.

Getränk: Dazu paßt ein Bier.

Süßsaures Schweinefleisch

Tang Cu Li Ji

Zutaten für 2 Portionen:
300 g mageres Schweinefleisch
1 Eiweiß
3 TL Speisestärke · Salz
1 Stück Frühlingszwiebel
(etwa 10 cm lang)
1 dünne Scheibe Ingwer
2 EL Zucker
1 1/2 TL dunkler Reisessig
1 EL Reiswein
1 EL dunkle Sojasauce
1/2 l neutrales Pflanzenöl
+ 1 EL neutrales Pflanzenöl

Zubereitungszeit: 30 Min.

Pro Portion: 2500 kJ/600 kcal

1 Schweinefleisch waschen, trockentupfen und in etwa 3 cm lange, 2 cm breite Stücke schneiden. Das Eiweiß mit 2 TL Speisestärke und 1 Prise Salz mischen. Das Fleisch untermengen.

2 Frühlingszwiebel putzen, waschen und fein hacken, Ingwer schälen und fein hacken. Zucker, Essig, Reiswein, Sojasauce, Frühlingszwiebel, Ingwer, 1 Prise Salz und die restliche Stärke in einer Schüssel zu einer Sauce mischen.

3 Einen Wok bei mittlerer Hitze erwärmen, Öl angießen und heiß werden lassen. Das Fleisch Stück für Stück hineingeben und fritieren, bis es goldgelb ist. Vorsicht, Spritzgefahr! Das Fleisch mit einem Schaumlöffel herausnehmen und das Fett abtropfen lassen. Das Öl aus dem Wok gießen.

4 Im Wok 1 EL Öl bei mittlerer Hitze erwärmen. Die vorbereitete Sauce hineingeben und unter Rühren zum Kochen bringen. Wenn sie dicklich ist, das Fleisch wieder dazugeben, durchrühren und noch einmal aufkochen lassen. Aber nur ganz kurz, sonst wird die Fleischkruste wieder weich und der Essiggeschmack verdampft.

Tip! Nach Belieben mit einer »Tomaten-Blume« garnieren.

Gebratenes Schweinefleisch

Jiang Bao Bai Rou Si

Herbstgericht · Braucht etwas Zeit

Zutaten für 2–3 Portionen:
300 g mageres Schweinefleisch
je 1 kleine grüne und rote
Paprikaschote (je etwa 50 g)
1 EL gelbe Bohnenpaste
1 EL Reiswein
Salz
2 EL Mehl
¹/₂ l neutrales Pflanzenöl
zum Fritieren
1 EL dunkle Sojasauce
1 TL Zucker
weißer Pfeffer, frisch gemahlen
nach Belieben: 1 TL Sesamöl

Zubereitungszeit: 45 Min.

Bei 3 Portionen pro Portion:
1600 kJ/380 kcal

1 Das Schweinefleisch waschen. ¹/₂ l Wasser in einem kleinen Topf zum Kochen bringen. Das Fleisch hineingeben und zugedeckt bei mittlerer Hitze etwa 5 Min. kochen. Inzwischen die Paprikaschoten waschen, halbieren, von Stiel und Kernen befreien und in dünne Streifen schneiden.

2 Das Fleisch aus dem Topf nehmen, abkühlen lassen. Dann in Streifen schneiden, etwa so dick wie Eßstäbchen. Die Bohnenpaste, den Reiswein und 1 Prise Salz in einer Schüssel mischen, die Fleischstreifen untermengen. Mehl durchsieben, dann das Fleisch darin wälzen.

3 Öl in einem Wok oder in einer Pfanne bei starker Hitze heiß werden lassen, bis an einem ins Öl getauchten Holzstäbchen Bläschen aufsteigen. Die Fleischstreifen nacheinander ins Öl geben, darin etwa 2 Min. goldgelb fritieren. Vorsicht, Spritzgefahr! Herausnehmen und das Fett abtropfen lassen. Das Öl bis auf einen dünnen Film aus dem Wok gießen.

4 Das Fleisch wieder in den Wok geben, die Paprikastreifen dazugeben und alles gut durchrühren. Mit Sojasauce, Zucker und 1 Prise weißem Pfeffer würzen und unter Rühren bei starker Hitze etwa 1 Min. schmoren. Vor dem Servieren nach Belieben mit Sesamöl beträufeln.

Info: Das Fleisch muß gekocht sein, sonst wird es nicht knusprig.

Schweinefilet mit Koriander

Geht schnell · Gelingt leicht Yan Bao Li Ji

Zutaten für 2 Portionen:
200 g Schweinefilet
1 TL Speisestärke · Salz
1 Eiweiß · 5 Zweige Koriander
1 Frühlingszwiebel
1 dünne Scheibe Ingwer
1 Knoblauchzehe
3 EL neutrales Pflanzenöl
100 ml Fleischbrühe
(selbstgemacht oder instant)
1 EL Reiswein
weißer Pfeffer, frisch gemahlen
1 TL Sesamöl
nach Belieben: 1 Stück
gelbe Paprika zum Garnieren

Zubereitungszeit: 30 Min.

Pro Portion: 1500 kJ/360 kcal

1 Das Filet in etwa 5 cm lange, feine Streifen schneiden. Speisestärke mit 3 EL Wasser anrühren. Das Filet mit 1 Prise Salz, Eiweiß und der Speisestärke mischen. Koriander waschen, trockenschütteln und in etwa 3 cm lange Stücke schneiden. Die Frühlingszwiebel putzen, waschen und fein hakken. Den Ingwer schälen und fein hakken. Knoblauch schälen und in feine Streifen schneiden.

2 Das Öl in einem Wok stark erhitzen. Das Filet darin unter Rühren etwa ½ Min. braten, bis es nicht mehr zusammenklebt, dann herausnehmen. In dem im Wok übriggebliebenen Öl Frühlingszwiebel, Ingwer und Knoblauch bei mittlerer Hitze unter Rühren etwa 1 Min. anbraten, dann Brühe,

Reiswein, Salz, 1 Prise Pfeffer, Koriander und das Filet dazugeben, bei starker Hitze schnell zum Aufkochen bringen, dann sofort vom Herd nehmen. Vor dem Servieren mit Sesamöl beträufeln. Nach Belieben aus Paprika Schweinchen schnitzen oder ausstechen und das Gericht damit garnieren.

Variante: Sie können den Koriander auch durch 1 grüne Paprikaschote (etwa 100 g) ersetzen. Dazu die in dünne Streifen geschnittene Paprika zusammen mit Frühlingszwiebel, Ingwer und Knoblauch etwa 1 Min. braten, dann die anderen Zutaten und das gebratene Fleisch dazugeben, wie beschrieben.

Schweinefleischklöße

Aus Shandong · Etwas schwieriger   Si Xi Wan Zi

Zutaten für 4 Portionen:
300 g magerer Schweinebauch
30 g Bambussprossen in Stücken
(aus der Dose)
1 Frühlingszwiebel
1 Ingwerstück (etwa 1 ¹/₂ cm
lang und dick)
6 Sichuan-Pfefferkörner
Salz
3 EL Speisestärke
3 EL dunkle Sojasauce
1 EL Reiswein
1 Ei
1 Eiweiß
¹/₂ l neutrales Pflanzenöl
zum Fritieren
200 g Chinakohlblätter
400 ml Fleischbrühe
(selbstgemacht oder instant)
1 EL neutrales Pflanzenöl für den
Sichuan-Pfeffer

Zubereitungszeit: 1 Std.

Pro Portion: 2100 kJ/500 kcal

1 Schweinefleisch ganz fein hacken oder durch den Fleischwolf drehen. Bambussprossen in kochendem Wasser etwa 1 Min. sprudelnd kochen, herausnehmen, abtropfen lassen und fein hacken. Die Frühlingszwiebel putzen und waschen, den Ingwer schälen, beides fein hacken. Die Sichuan-Pfefferkörner im Mörser zerstoßen.

2 Das Fleisch mit Bambussprossen, Frühlingszwiebel, Ingwer, 1 Prise Salz, 2 EL Speisestärke, 2 EL dunkler Sojasauce, dem Reiswein und dem Ei mischen und mit der Hand daraus 4 Klöße formen. Die restliche Speisestärke mit 1 Eiweiß in einer Schüssel vermengen.

3 Das Öl in einem Wok oder einem Topf bei starker Hitze heiß werden lassen. Die Klöße in der Eiweiß-Stärke-Masse wenden, einzeln ins heiße Öl gleiten lassen und darin etwa 2 Min. fritieren. Vorsicht, Spritzgefahr! Die Klöße mit einem Schaumlöffel herausheben, beiseite stellen.

4 Die Chinakohlblätter waschen und trockentupfen. Einen Topf, der zum Servieren geeignet ist, mit den Chinakohlblättern auslegen, die fritierten Klöße darauf legen, die Brühe angießen und die restliche Sojasauce dazugeben. Zugedeckt bei mittlerer Hitze zum Kochen bringen, dann bei schwacher Hitze etwa 15 Min. köcheln.

5 In einem kleinen Topf 1 EL Öl bei schwacher Hitze erwärmen, die zerstoßenen Sichuan-Pfefferkörner unter Rühren anbraten, dann das Öl abseihen. Das Sichuan-Pfeffer-Öl über die Klöße geben, im Topf sofort servieren.

Getränk: Probieren Sie dazu am besten einen trockenen Weißwein mit viel Säure, z.B. einen Riesling aus der Rheinpfalz.

Info: In China wird das Gericht klassisch in einem Tontopf zubereitet, der aber aufgrund seines leicht gewölbten Bodens nur für Gasherde geeignet ist. Statt des Tonkochtopfes können Sie auch einen Eisentopf nehmen, der zum Servieren geeignet ist.

FISCH UND MEERESFRÜCHTE

Der berühmte Gourmet Li Yu (1611–1680) schreibt über Fisch:

»Der Fischliebhaber legt am meisten auf Frische, dann auf Fettgehalt Wert. Hat ein Fisch einen hohen Fettgehalt und ist darüber hinaus noch frisch, so hat er seine ganzen Möglichkeiten ausgeschöpft. Fische mit besonders frischem Geschmack eignen sich für klare Suppen, Fische mit hohem Fettgehalt eignen sich für üppiges, feingeschnittenes Fischfleisch. Bei der Zubereitung kommt alles auf die richtige Feuerung an. Ißt man sie zu spät, so ist ihr Fleisch tot und schmeckt daher nicht mehr.

Erwartet man Gäste, so kann man andere Gerichte vielleicht schon im voraus zubereiten, aber Fisch muß lebend gehalten werden und darf erst nach dem Kommen der Gäste zubereitet werden. Der Wohlgeschmack von Fischen liegt eben ganz in ihrer Frische. Fisch muß sofort nach dem Garwerden aus dem Kessel genommen werden. Wenn man ihn schon im voraus bereitet, läßt man ja seine ganze Feinheit verdampfen! Wärmt man ihn im nachhinein auf, schmeckt er wie kalter Reis, den man erneut erwärmt, oder abgestandener Wein, den man erneut erhitzt! Er hat zwar dasselbe Aussehen, jedoch nicht denselben Gehalt.«

An dieser Hochschätzung der Frische von Fisch hat sich bis heute nichts geändert. Im allgemeinen werden Süßwasserfische, die im Norden Chinas schon häufig gezüchtet werden, wegen ihres feineren Geschmacks lieber gegessen. Außerdem ist es nach der chinesischen Diätetik bei manchen Krankheiten nicht erlaubt, Meeresfische zu essen.

Eine wichtige Rolle spielen Fische und Meeresfrüchte in Nordchina jedoch in der Küche der Küstenprovinz Shandong, wo beispielsweise Garnelen und Tintenfisch nicht wegzudenken sind, wo aber auch Karpfen sehr gerne gegessen wird. Um den intensiven Fischgeruch zu überdecken, werden anstelle des in der westlichen Küche üblichen Zitronensaftes Ingwer und Reiswein genommen.

Reiskrusten mit Garnelen

Festlich · Braucht etwas Zeit   San Xian Guo Ba

Zutaten für 3–4 Portionen:
150 g Rundkornreis
5 getrocknete Donggu-Pilze
100 g mageres Schweinefleisch
(etwa 2 cm dick)
Salz
Reiswein
2 EL Speisestärke
100 g rohe geschälte
Tiefseegarnelen
1 Eiweiß
1 Frühlingszwiebel
1 dünne Scheibe Ingwer
50 g Champignons
2 EL neutrales Pflanzenöl
zum Braten
300 ml Hühnerbrühe
(selbstgemacht oder instant)
50 g tiefgefrorene Erbsen
weißer Pfeffer, frisch gemahlen
1/2 l neutrales Pflanzenöl
zum Fritieren

Zubereitungszeit: 40 Min.
(+ 30 Min.–12 Std. Trocknen)

Bei 4 Portionen pro Portion:
1800 k/430 kcal

1 Den Reis mit 1/4 l Wasser in einem Topf zum Kochen bringen, dann bei schwacher Hitze offen garen. Kurz bevor die Flüssigkeit verdampft ist, zudecken und bei schwächster Hitze etwa 5 Min. ausquellen lassen.

2 Den Reis etwas abkühlen lassen, dann in einer etwa 5 mm dicke Schicht auf ein Stück Backpapier legen. Entweder 1 Tag lang an einer luftigen Stelle trocknen oder im Backofen bei 50° (Umluft niedrigste Stufe) etwa 30 Min. anbacken, dann in grobe Stücke brechen.

3 Die Donggu-Pilze in warmem Wasser etwa 10 Min. einweichen, dann herausnehmen, waschen und kleinschneiden. Das Schweinefleisch waschen und in einem Topf mit 300 ml Wasser zugedeckt bei mittlerer Hitze etwa 5 Min. kochen. Dabei 1 Prise Salz und 1 Schuß Reiswein dazugeben. Dann herausnehmen, abkühlen lassen und in etwa 3 cm lange, dünne Scheiben schneiden.

4 Speisestärke mit 4 EL Wasser anrühren. Die Garnelen mit 1 Prise Salz, Eiweiß, 1 EL Reiswein und 1/2 TL von der angerührten Stärke in einer Schüssel verrühren. Die Frühlingszwiebel putzen, waschen und fein hacken. Den Ingwer schälen und fein hacken. Champignons putzen, waschen und in Scheiben schneiden.

5 Im Wok oder in einer Pfanne 2 EL Öl bei mittlerer Hitze heiß werden lassen. Die Garnelen aus der Marinade nehmen, kurz abtropfen lassen, ins Öl geben und etwa 2 Min. unter Rühren anbraten, dann herausnehmen. In dem Restöl Frühlingszwiebel und Ingwer kurz anbraten, 1 EL Reiswein und die Brühe angießen, Donggu-Pilze, Erbsen,

Champignons, Schweinefleisch und Garnelen hinzufügen, mit Salz und 1 TL Reiswein sowie 1 Prise Pfeffer würzen. Bei mittlerer Hitze zugedeckt zum Kochen bringen. Die restliche angerührte Stärke untermischen. Alles einmal aufkochen und 2–3 Min. rühren, bis die Sauce gebunden ist, dann in eine vorgewärmte Schüssel geben.

6 Öl zum Fritieren in einem Topf bei starker Hitze heiß werden lassen, bis an einem ins Öl getauchten Holzstäbchen kleine Bläschen aufsteigen. Die Reiskrusten hineingeben und etwa $1/2$ Min. fritieren, bis sie goldgelb sind.

Die Reiskrusten aus dem Öl nehmen und auf einen Teller legen. Beim Servieren das Garnelenragout über die Reiskrusten gießen.

Info: Wenn die heißen Reiskrusten mit dem Garnelenragout in Berührung kommen, entsteht ein zischendes Geräusch, daher wird das Gericht auch »Zischender Reis« genannt.

Tip! Am besten läßt man das Öl für das Fritieren der Reiskrusten in einem Topf schon auf einer anderen Platte heiß werden, kurz bevor man mit der Zubereitung des Garnelenragouts fertig wird, denn dieses Gericht muß sofort serviert werden.

Garnelen mit Paprika

Geht schnell · Gelingt leicht

Xia Ren Chao Qing Jiao

Zutaten für 2 Portionen:
200 g rohe geschälte
Riesengarnelen
Salz
weißer Pfeffer, frisch gemahlen
1 TL Reiswein
1 Eiweiß
1 TL Speisestärke
1 Frühlingszwiebel
(etwa 10 cm lang)
1 dünne Scheibe Ingwer
1 kleine grüne Paprikaschote
(etwa 75 g)
3 EL neutrales Pflanzenöl

Zubereitungszeit: 20 Min.

Pro Portion: 960 kJ/230 kcal

1 Die Garnelen waschen, trocknen und in etwa 2 cm große Würfel schneiden. Die Würfel mit je 1 Prise Salz und Pfeffer sowie Reiswein, Eiweiß und Speisestärke mischen. Gut durchrühren. Die Frühlingszwiebel putzen, waschen und fein hacken. Den Ingwer schälen und fein hacken. Paprikaschote waschen, von Stiel und Kernen befreien, dann in etwa 2 cm große Stücke schneiden.

2 Öl in einem Wok oder in einer Pfanne bei mittlerer Hitze heiß werden lassen. Frühlingszwiebel und Ingwer darin unter Rühren kurz anbraten. Wenn es würzig duftet, mit einem Löffel wieder herausnehmen und nicht weiter verwenden. Die Garnelen ins Öl geben und unter Rühren 1–2 Min. braten. Die Garnelen wieder herausnehmen. Die Paprikaschote in das Restöl geben, mit 1 Prise Salz würzen und unter Rühren etwa 2 Min. braten. Dann die Garnelen dazugeben, alles durchrühren und servieren.

Variante: Wenn Sie im Asien-Laden frischen Knolau (Jiu Cai, chinesischen Schnittlauch) finden, nehmen Sie statt grüner Paprikaschote 100–150 g Knolau. Er ist sehr aromatisch. Statt nur grüner Paprika können Sie auch grüne und rote Paprika nehmen.

Garnelen in Sojasauce

Festlich · Gelingt leicht

Hong Shao Da Xia

Zutaten für 2 Portionen:
400 g rohe ungeschälte
Riesengarnelen
1 Frühlingszwiebel
1 etwa walnußgroßes Stück Ingwer
(20 g)
3 EL neutrales Pflanzenöl
5–6 Sichuan-Pfefferkörner
1 EL Reiswein
2 EL dunkle Sojasauce
1 TL Zucker
200 ml Hühnerbrühe
(selbstgemacht oder instant)

Zubereitungszeit: 20 Min.

Pro Portion: 1400 kJ/330 kcal

1 Die Riesengarnelen waschen, trocknen, die Fühler abschneiden, aber die Köpfe möglichst dranlassen. Die Frühlingszwiebel putzen, waschen und fein hacken. Den Ingwer schälen und fein hacken.

2 In einem kleinen Topf 1 EL Öl bei schwacher Hitze erwärmen, die Sichuan-Pfefferkörner im Mörser zerstoßen und im Öl unter Rühren etwa 1 Min. anbraten, dann das Öl abseihen und aufbewahren.

3 Das restliche Öl in einem Wok oder in einer Pfanne bei mittlerer Hitze heiß werden lassen. Frühlingszwiebel und Ingwer darin kurz anbraten. Die Garnelen dazugeben und rötlich braten, dann den Reiswein angießen und kurz zudecken.

4 Die Garnelen danach mit Sojasauce und Zucker würzen und die Brühe dazugießen. Aufkochen, dann zudecken und bei schwacher Hitze etwa 2 Min. köcheln lassen. Vor dem Servieren mit dem Sichuan-Pfeffer-Öl beträufeln.

Info: Die Provinz Shandong liegt direkt am Meer. Nicht nur die Riesengarnelen von dort, sondern auch deren zahlreiche Zubereitungsarten werden in ganz China gerühmt.

Karpfen süßsauer

Tang Cu Li Yu

Wintergericht · Etwas schwieriger

Zutaten für 4 Portionen:
1 Karpfen (etwa 750 g),
küchenfertig vorbereitet
Salz
5–6 Mu Er-Pilze
1 Frühlingszwiebel
1 etwa walnußgroßes
Stück Ingwer (20 g)
1 Knoblauchzehe
100 g Möhren
1 l neutrales Pflanzenöl
zum Fritieren
4 EL Speisestärke
200 g Zucker
2 EL dunkle Sojasauce
75 ml dunkler Reisessig

Zubereitungszeit: 45 Min.

Pro Portion: 2700 kJ/640 kcal

1 Karpfen innen und außen waschen, trockentupfen. Das Fischfleisch beidseitig in einem Abstand von etwa 3 cm etwa 1 cm tief kreuzweise einschneiden und mit Salz einreiben.

2 Mu Er-Pilze in warmem Wasser etwa 10 Min. einweichen. Inzwischen Frühlingszwiebel putzen, waschen und fein hacken. Ingwer und Knoblauch schälen und fein hacken. Möhren waschen, schälen, quer in etwa 5 cm lange Stücke, dann längs in dünne Streifen schneiden. Mu Er-Pilze aus dem Wasser nehmen, gründlich waschen und kleinschneiden. Backofen auf 75° vorheizen.

3 Öl in einem Wok oder in einer Pfanne stark erhitzen, bis an einem ins Öl getauchten Holzstäbchen Bläschen aufsteigen. 3 EL Stärke mit 5 EL Wasser anrühren, auf dem Karpfen verteilen, dann vorsichtig ins heiße Öl hineingeben und 4–5 Min. fritieren. Vorsicht,

Spritzgefahr! Den Fisch nach etwa 2 Min. vorsichtig wenden. Karpfen herausnehmen und im Ofen (Umluft 50°) warm halten.

4 Öl bis auf einen dünnen Film aus dem Wok oder aus der Pfanne gießen. Frühlingszwiebel, Ingwer und Knoblauch bei schwacher Hitze kurz anbraten, Mu Er-Pilze und Möhren dazugeben und unter Rühren kurz mitbraten.

5 Dann 200 ml Wasser, Zucker und Sojasauce hineingeben, Essig dazugießen. Bei starker Hitze aufkochen. Die restliche Stärke mit 2 EL Wasser anrühren, untermischen, gut durchrühren. Die Sauce noch einmal aufkochen lassen, sofort über den Fisch gießen und servieren. Jeder pickt sich mit Stäbchen etwas von dem Fisch heraus.

Variante: Wenn Sie keinen ganzen Fisch zubereiten möchten, nehmen Sie 300 g Fischfilet und schneiden es in etwa 2 cm große Würfel. Die Fischwürfel mit 1 EL Speisestärke, 1 TL Reiswein und 1 Prise Salz vermischen und Stück für Stück ins heiße Öl geben und etwa 2 Min. fritieren. Die Sauce wie oben zubereiten.

Info: In China gehört zu einem Festessen unbedingt ein Fisch. Da der Karpfen als glücksbringendes Symbol gilt, werden Gäste mit großer Vorliebe damit bewirtet. Chinesischer Essig wird aus Reis hergestellt, er ist milder als Weinessig. Sie bekommen ihn in Asien-Läden.

Geschmorter Karpfen

Aus Shandong · Etwas schwieriger   Gan Shao Li Yu

Zutaten für 4 Portionen:
1 Karpfen (etwa 600 g),
küchenfertig vorbereitet
100 g Speck, durchwachsen, ohne
Schwarte, in ¹/₂ cm breiten Scheiben
1 etwa walnußgroßes Stück Ingwer
(20 g)
1 Frühlingszwiebel
25 g Bambussprossen in Stücken
(aus der Dose)
3–4 EL neutrales Pflanzenöl
1 EL Reiswein
1 EL dunkle Sojasauce
Salz · 1 TL Zucker
1 TL Speisestärke
1 TL Sesamöl
nach Belieben: Möhren- und
Gurkenscheiben zum Garnieren

Zubereitungszeit: 30 Min.

Pro Portion: 1700 kJ/400 kcal

1 Karpfen innen und außen waschen, dann abtupfen. Fischfleisch beidseitig in einem Abstand von etwa 3 cm 1 cm tief kreuzweise einschneiden (siehe Schritt 1, S. 85).

2 Speck von eventuellen Knorpeln befreien, dann in etwa ¹/₂ cm große Würfel schneiden. Ingwer schälen und in dünne Streifen schneiden. Frühlingszwiebel putzen, waschen und quer in etwa 1 cm lange, dann längs in dünne Streifen schneiden. Bambussprossen in kochendem Wasser etwa 1 Min. sprudelnd kochen, herausnehmen, abtropfen und abkühlen lassen und in etwa 1 cm große Würfel schneiden.

3 Einen Wok oder eine Pfanne bei mittlerer Hitze erwärmen. Öl angießen und heiß werden lassen. Fisch darin beidseitig je etwa 1 Min. anbraten. Dann wieder herausnehmen.

4 Ingwer und Speck ins Restöl geben und unter Rühren bei mittlerer Hitze etwa 1 Min. anbraten. Bambussprossen dazugeben, kurz umrühren. Reiswein, Sojasauce, Salz und Zucker hinzugeben. Karpfen hineinlegen, 300 ml Wasser angießen und zum Kochen bringen. Zugedeckt bei schwacher Hitze etwa 10 Min. garen. Dann den Karpfen herausnehmen und auf eine Platte legen.

5 Frühlingszwiebel in die Brühe geben. Die Sauce eventuell bei mittlerer Hitze offen etwas einkochen lassen. Dann die Stärke mit 3 TL Wasser anrühren, untermischen und gut durchrühren. Zum Schluß mit Sesamöl beträufeln und nochmals durchrühren. Die Sauce über den Fisch gießen und die Platte nach Belieben mit Möhren- und Gurkenscheiben garnieren. Jeder pickt sich mit Stäbchen etwas von dem Fisch heraus.

Forelle in Essigsauce

Frühlingsgericht · Gelingt leicht Cu Jiao Yu

Zutaten für 2 Portionen:
1 Forelle (etwa 500 g),
küchenfertig vorbereitet
1 Frühlingszwiebel
1 etwa walnußgroßes Stück Ingwer
_(20 g)_
1 Zweig Koriander
2 EL Reiswein · Salz
1 TL heller Reisessig
weißer Pfeffer, frisch gemahlen
1 TL Sesamöl
nach Belieben: Möhrenscheiben
zum Garnieren

Zubereitungszeit: 25 Min.

Pro Portion: 1200 kJ/290 kcal

1 Forelle innen und außen waschen, trockentupfen. Das Fischfleisch auf einer Seite in einem Abstand von etwa 4 cm etwa 1 cm tief kreuzweise (siehe Schritt 1, S. 85) und auf der anderen Seite ebenfalls in einem Abstand von etwa 4 cm 1 cm tief, jedoch nur schräg einschneiden. Frühlingszwiebel putzen, waschen und quer in etwa 5 cm lange, dann längs in dünne Streifen schneiden. Ingwer schälen und ebenfalls in dünne Streifen schneiden. Koriander waschen, trockenschütteln und kleinschneiden.

2 In einem Wok ³⁄₄ l Wasser bei mittlerer Hitze zum Kochen bringen, Forelle hineingeben und 1 EL Reiswein dazu-geben. Zugedeckt etwa 2 Min. bei mittlerer Hitze köcheln lassen. Den Fisch herausnehmen. Etwa ¹⁄₂ l Sud aus dem Wok abgießen.

3 Den restlichen Reiswein, Salz, Frühlingszwiebel, Ingwer und Forelle in den restlichen Sud geben, zugedeckt bei starker Hitze etwa 5 Min. kochen. Die Forelle herausnehmen und auf einen Teller legen. Essig, Pfeffer, Sesam-öl und Korianderblätter in die Sauce geben, kurz durchrühren, über die Forelle gießen und servieren. Nach Belieben mit geschnitzten Möhrenscheiben – z.B. in Tropfenform – garnieren.

Forelle mit Ingwerstreifen

Aus Tianjin · Gelingt leicht Jiang Si Yu

**Zutaten für einen Servierteller,
für 2 Portionen:**
**1 Forelle (etwa 500 g),
küchenfertig vorbereitet**
1 Frühlingszwiebel
**1 etwa walnußgroßes Stück Ingwer
(25 g)**
3 EL neutrales Pflanzenöl
1 Sternanis
4 EL Reiswein
**1 l Fleischbrühe (selbstgemacht
oder instant)**
Salz
1 EL dunkle Sojasauce

Zubereitungszeit: 30 Min.

Pro Portion: 1700 kJ/400 kcal

1 Die Forelle innen und außen waschen, trockentupfen. Das Fischfleisch auf beiden Seiten in einem Abstand von etwa 4 cm etwa 1 cm tief kreuzweise einschneiden (siehe Schritt 1, S. 85). Die Frühlingszwiebel putzen, waschen und quer in etwa 5 cm lange Stücke, dann längs in dünne Streifen schneiden. Den Ingwer schälen und davon 3 dünne Scheiben (etwa 5 g) abschneiden, den Rest in 4 cm lange, jedoch sehr dünne Streifen schneiden.

2 In einem Wok 1 ½ EL Öl bei schwacher Hitze erwärmen, Sternanis und Ingwerscheiben darin kurz anbraten, mit 2 EL Reiswein löschen, dann etwa 950 ml Fleischbrühe dazugießen. Den Fisch hineingeben und mit Salz würzen. Den Fisch mit der Brühe bei starker Hitze zum Kochen bringen, dann bei mittlerer Hitze etwa 5 Min. kochen. Den Fisch aus dem Wok nehmen, abtropfen lassen und auf einen Teller legen. Die Brühe aus dem Wok gießen.

3 Im Wok das restliche Öl erwärmen, Ingwerstreifen bei schwacher Hitze unter Rühren kurz anbraten, den restlichen Reiswein, Sojasauce und die restliche Fleischbrühe dazugeben. Die Brühe bei starker Hitze zum Kochen bringen, dann gleichmäßig über den Fisch gießen.

Tip! Statt Forelle können Sie auch Karpfen nehmen.

Gebratene Fischwürfel

Aus Shandong · Gelingt leicht Bao Yu Ding

Zutaten für 2 Portionen:
**200 g Fischfilet (z.B. Kabeljau,
Scholle oder Barsch)**
2 Eiweiß
2 EL Stärke + 1 TL Stärke
Salz
2 ½ EL Reiswein
weißer Pfeffer, frisch gemahlen
**50 g Bambussprossen in Stücken
(aus der Dose)**
½ Frühlingszwiebel
1 Knoblauchzehe
je ½ grüne und rote Paprikaschote
4 EL neutrales Pflanzenöl
nach Belieben: 1 TL Sesamöl

Zubereitungszeit: 30 Min.

Pro Portion: 1500 kJ/360 kcal

1 Das Fischfilet eventuell mit einer Pinzette von den Gräten befreien, dann in etwa 1 ½ cm große Würfel schneiden. Die Würfel mit Eiweiß, 2 EL Stärke, 1 Prise Salz und ½ EL Reiswein mischen. 1 TL Stärke mit 50 ml Wasser, etwas Salz und 1 Prise Pfeffer in einer Schale verrühren und beiseite stellen.

2 In einem Topf Wasser aufkochen. Die Bambussprossen darin etwa 1 Min. sprudelnd kochen, herausnehmen, abtropfen, abkühlen lassen und in etwa 1 ½ cm große Würfel schneiden. Frühlingszwiebel putzen, waschen und in kurze Stücke schneiden. Knoblauch schälen und in dünne Scheiben schneiden. Paprika waschen, von Stiel und Kernen befreien und in etwa 1 ½ cm große Stücke schneiden. Das Öl im Wok bei mittlerer Hitze heiß werden lassen. Die Fischwürfel hineingeben und unter Rühren etwa 2 Min. braten, dann herausnehmen.

3 Im Restöl Frühlingszwiebel und Knoblauch bei mittlerer Hitze und unter Rühren kurz anbraten, Bambussprossen und Paprika dazugeben, unter Rühren etwa 1 Min. braten. Danach die Fischwürfel hinzufügen, mit dem restlichen Reiswein würzen, die angerührte Stärke dazugeben und unter Rühren etwa 1 Min. schmoren. Vor dem Servieren nach Belieben mit Sesamöl beträufeln.

Tintenfischröllchen

Aus Shandong · Etwas schwieriger   Yan Bao You Yu Juan

Zutaten für 2 Portionen:
300 g Tintenfisch (Sepia),
ohne Kopf und Fangarme
2 TL Speisestärke
1 Frühlingszwiebel
2 dünne Scheiben Ingwer
1 Knoblauchzehe
4 Zweige Koriander
50 ml Fleischbrühe (selbstgekocht
oder instant)
Salz
1 TL Reiswein
¹/₂ TL heller Reisessig
weißer Pfeffer, frisch gemahlen
1 TL Sesamöl

Zubereitungszeit: 30 Min.

Pro Portion: 680 kJ/160 kcal

1 Den Tintenfisch waschen und trockentupfen. Die Außenhaut entfernen, eine Seite aufschneiden, dann mit einem scharfen Messer an der Innenseite im Abstand von etwa 2 mm kreuzweise bis etwa zur Hälfte einschneiden, dann in etwa 5 cm lange, 2 cm breite Stücke schneiden. 1 TL Stärke untermischen.

2 Die Frühlingszwiebel putzen und waschen. Den Ingwer und den Knoblauch schälen. Frühlingszwiebel und Ingwer in feine Streifen schneiden. Den Knoblauch in dünne Scheiben schneiden. Koriander waschen, trockenschütteln und in etwa 3 cm lange Stücke schneiden.

3 Etwa ¹/₂ l Wasser in einem Topf zum Kochen bringen, den Tintenfisch darin knapp ¹/₂ Min. sprudelnd kochen, herausnehmen und abtropfen lassen. Durch das Blanchieren biegen sich die Tintenfischstücke zu Röllchen. Der Tintenfisch darf nicht länger kochen, sonst wird er hart.

4 Die Brühe in den Wok geben, mit Salz, Reiswein, Essig und 1 Prise Pfeffer würzen und zum Kochen bringen. Frühlingszwiebel, Ingwer, Knoblauch, Koriander und Tintenfisch hineingeben, wieder kurz aufkochen lassen. Nach

dem Aufkochen die restliche Stärke mit 3 TL Wasser anrühren und untermischen. Nochmal kurz aufkochen lassen, dann mit Sesamöl beträufeln und servieren.

Info: Für dieses Gericht verwendet man in China außer dem hier angegebenen Tintenfisch noch getrockneten Tintenfisch »You Yu« (Logilo, aus der Gattung Kalmare), den man Stunden vor der Zubereitung einweicht. Der hier angegebene Tintenfisch ist weiß und der getrocknete Tintenfisch etwas rötlich, wodurch das Gericht eine schöne Farbenkombination erhält. Da man den getrockneten Tintenfisch in Deutschland nicht kaufen kann, haben wir ihn hier nicht verwendet. Koriander, der äußerlich Ähnlichkeit mit glatter Petersilie hat, können Sie in Asien-Läden, häufig auch beim Gemüsehändler kaufen. Er läßt sich nicht trocknen und wird deshalb nur frisch verwendet. Da Koriander sehr hitzeempfindlich ist, sollten Sie ihn immer erst gegen Ende der Garzeit dazugeben.

Tip! Das sorgfältige Schneiden ist sehr wichtig für das Gelingen dieses Gerichtes, nicht nur für das schöne Aussehen, sondern auch für den vollen Geschmack, da der Tintenfisch dank dieser Schneidetechnik viel Geschmack aufnehmen kann. Aber falls Sie das doch zu umständlich finden, können Sie den Tintenfisch auch in etwa 5 cm lange, ¹/₂ cm dünne Streifen schneiden.

VEGETARISCHE GERICHTE

Die traditionelle chinesische Diätetik fordert eine ausgewogene Ernährung. Aufgrund des übergroßen Angebots von Frischgemüse in China ernährt sich kaum ein anderes Volk der Welt so leicht und gesund wie die Chinesen. Auf einem chinesischen Markt finden Sie heute neben heimischem Gemüse wie Kohl, Bambussprossen, Bohnenkeimlinge und Pilzen auch ursprünglich in China unbekannte Gemüsesorten wie Spinat, Möhren und Tomaten. Bei unserer Rezeptauswahl mußten wir leider auf einige bekannte Gerichte verzichten, da die Zutaten wie beispielsweise junge Erbsenblätter, Taro oder Hirtentäschelkraut in Deutschland gar nicht oder nur sehr schwierig zu bekommen sind. Die Jahreszeiten haben in China großen Einfluß auf das Gemüseangebot – so gibt es Frühjahrs-Bambussprossen und Winter-Bambussprossen, deren Geschmack in keinem Vergleich zu den Varianten in der Konservendose steht, die man hier kaufen kann. Die traditionelle chinesische Medizin lehrt, sich nach dem Rhythmus der Natur zu richten und daher bestimmte Gemüsesorten nur zur passenden Jahreszeit zu essen. Das umfangreiche Gemüseangebot und Tofu machen die chinesische vegetarische Küche ganz besonders attraktiv. Tofu ist die japanische Aussprache der chinesischen Schriftzeichen »Doufu«, die sich im Westen durchgesetzt hat, da die Eroberung der westlichen Märkte für Tofu nicht von China, sondern von japanischen Firmen ausging. Tofu wurde wahrscheinlich von nördlichen Nomadenvölkern, die vom 6. bis zum 9. Jahrhundert in das chinesische Kernland eindrangen, erfunden. Diese Nomadenvölker waren an Milchprodukte aus Kuh- und Ziegenmilch gewöhnt. Da die chinesische Bevölkerung im Kernland kaum Viehhaltung betrieb und keine Molkereiprodukte kannte, griff man zur leicht erhältlichen Sojamilch als Rohstoff und stellte so Tofu und Tofu-Produkte her.

Gefüllte Tofu-Kästchen

Aus Shandong · Braucht etwas Zeit **Dou Fu Xiang Zi**

Zutaten für 4 Portionen:
500 g Tofu
1 Frühlingszwiebel
1 dünne Scheibe Ingwer
10 g getrocknete Lilienblüten
20 g Donggu-Pilze
100 g Bambussprossen in Stücken
(aus der Dose)
200 g Chinakohlblätter
1 Ei
Salz
3 EL dunkle Sojasauce
2 EL Reiswein
weißer Pfeffer, frisch gemahlen
1 l neutrales Pflanzenöl
zum Fritieren
+ 1 EL neutrales Pflanzenöl
¹/₄ l Gemüsebrühe (selbstgemacht
oder instant)
nach Belieben: ein paar Tropfen
Sesamöl

Zubereitungszeit: 45 Min.

Pro Portion: 1500 kJ/360 kcal

1 Tofu waschen, in 8 gleich große Stücke schneiden und dann trockentupfen. Frühlingszwiebel putzen, waschen und fein hacken. Ingwer schälen und fein hacken.

2 Lilienblüten und Donggu-Pilze getrennt voneinander je etwa 10 Min. in warmem Wasser einweichen. Bambussprossen in einem Topf in kochendem Wasser etwa 1 Min. sprudelnd kochen, abgießen, abtropfen und abkühlen lassen. Dann zuerst längs in dünne Scheiben, dann längs in Streifen und zum Schluß quer in ganz kleine Würfel schneiden. Chinakohlblätter waschen, trockentupfen, längs in dünne Streifen, dann quer in kleine Würfel schneiden.

3 Donggu-Pilze und Lilienblüten abgießen, gründlich waschen, abtropfen lassen. Die Lilienblüten von harten Stielen befreien. Pilze und Lilienblüten kleinschneiden. Für die Füllung Pilze, Lilienblüten, Bambussprossen und Chinakohl in einer Schüssel mit dem Ei mischen, mit je 1 Msp. Frühlingszwiebel und Ingwer, 1 Prise Salz, 1 EL Sojasauce, 1 EL Reiswein und 1 Prise Pfeffer würzen und gut verrühren.

4 Öl in einem Wok bei mittlerer Hitze heiß werden lassen. Tofu darin etwa 7 Min. fritieren, bis beide Seiten goldgelb sind. Vorsicht, Spritzgefahr! Dann mit einem Schaumlöffel herausnehmen, das Fett abtropfen und den Tofu abkühlen lassen. Das Öl aus dem Wok abgießen.

5 An einer Seite den Tofu mit einem kleinen Messer etwas aufschlitzen. Die Füllung in 8 Portionen teilen, dann mit einem Teelöffel je eine Portion in ein Tofu-Kästchen hineinfüllen. Eventuell Tofu aus dem Innenraum herausschneiden. Durch das Fritieren ist der Tofu innen schon ein wenig ausgehöhlt, daher ist das Füllen recht einfach.

6 Im Wok 1 EL Öl bei mittlerer Hitze heiß werden lassen, die restliche Frühlingszwiebel und den Ingwer kurz anbraten, den gefüllten Tofu und die Gemüsebrühe dazugeben, mit Salz, der restlichen Sojasauce und dem übrigen Reiswein würzen und etwa 15 Min. offen kochen. Vor dem Servieren nach Belieben mit Sesamöl beträufeln.

Info: Durch das Fritieren entstehen im Tofu viele kleine Löcher, die bei der weiteren Zubereitung viel Flüssigkeit in sich aufnehmen. Deshalb schmeckt er besonders saftig. In ganz China werden auf dem Markt fertige Tofu-Kästchen in verschiedenen Formen angeboten, u.a. auch kugelförmige und dreieckige. In Deutschland können Sie diese leider nur in wenigen Asien-Läden kaufen.

Tip! Falls Sie nicht alles von der Füllung unterbringen, können Sie den Rest so mitkochen und dazuservieren.

Eier mit Gurke und Pilzen

Sommergericht · Gelingt leicht

Huang Gu Mu Er Chao Dan

Zutaten für 2–3 Portionen:
5 mittelgroße getrocknete
Mu Er-Pilze
10 g getrocknete Lilienblüten
1 kleine Salatgurke (etwa 250 g)
4 Eier
Salz
5 EL neutrales Pflanzenöl
100 ml Gemüsebrühe
(selbstgemacht oder instant)

Zubereitungszeit: 20 Min.

Bei 3 Portionen pro Portion:
1100 kJ/260 kcal

1 Mu Er-Pilze und Lilienblüten getrennt voneinander in warmem Wasser etwa 10 Min. einweichen, dann abgießen und anschließend gründlich waschen. Die Pilze in Streifen schneiden, die Lilienblüten von harten Stielen befreien und in Stücke schneiden. Die Gurke schälen, längs halbieren und in dünne Scheiben schneiden.

2 Die Eier in einer Schüssel aufschlagen und mit etwas Salz verquirlen. 4 EL Öl in einer Pfanne oder im Wok bei mittlerer Hitze erwärmen. Die Eier hineingeben und stocken lassen, dann grob zerteilen und so lange weiterbraten, bis die Masse goldgelb, aber nicht trocken ist. Eierstücke aus der Pfanne oder dem Wok nehmen.

3 Das restliche Öl bei mittlerer Hitze erwärmen. Gurke, Mu Er-Pilze und Lilienblüten darin 1–2 Min. unter Rühren anbraten. Etwas Salz und die Gemüsebrühe untermischen. Eier wieder unterrühren und alles kurz aufkochen.

Variante: Statt Gurke und Mu Er-Pilzen können Sie auch Tomaten nehmen. Dazu werden die Tomaten kurz mit kochendem Wasser überbrüht, gehäutet und in Scheiben geschnitten, dann wie oben kurz angebraten und mit Brühe und Eiern vermischt.

Lilienblüten

Lilienblüten werden nach ihrer länglichen Form und gelben Farbe auch »Goldene Nadeln« (Jin Zhen Cai) genannt. Die Blüten der »Gelben Taglilie« werden gedämpft und luftgetrocknet. In China sind auf dem Markt auch frische Lilienblüten erhältlich, von denen man aber nicht zuviel auf einmal essen sollte. Allerdings schmecken die getrockneten intensiver als die frischen. Wegen ihres schönen Duftes werden die getrockneten Lilienblüten besonders gern in der vegetarischen Küche verwendet. Sie lassen sich sehr gut mit anderen Zutaten wie z.B. Tofu, Chinakohl oder auch Fleisch kombi-

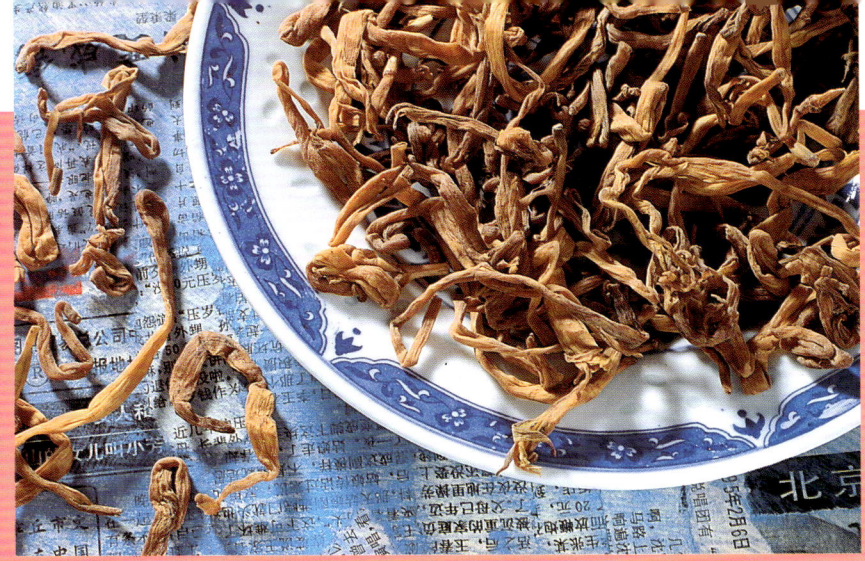

Lilienblüten sind in der vegetarischen Küche sehr beliebt.

nieren. Kleingehackt werden die Lilienblüten zusammen mit anderem Gemüse als Füllung für Teigtäschchen (Bao Zi) verwendet. Vor der Zubereitung muß man die getrockneten Lilienblüten etwa 10 Min. in warmem Wasser einweichen und dann von den harten Stielen befreien. Bei der Zubereitung darf man sie nicht zu lange kochen, sonst zerfallen sie.

Tofu-Eintopf

Wintergericht · Braucht etwas Zeit **Sha Guo Dong Dou Fu**

Zutaten für 3–4 Portionen:
250 Tofu
5 Mu Er-Pilze
1 Frühlingszwiebel
1 dünne Scheibe Ingwer
25 g Bambussprossen in Stücken
(aus der Dose)
100 g Broccoli
100 g Egerlinge
2 EL neutrales Pflanzenöl
400 ml Gemüsebrühe
(selbstgemacht oder instant)
Salz
1 TL Reiswein
weißer Pfeffer, frisch gemahlen

Zubereitungszeit: 30 Min.
(+ 2 Std. Einfrieren
+ 1 Std. Auftauen lassen)

Bei 4 Portionen pro Portion:
540 kJ/130 kcal

1 Den Tofu im Gefrierfach etwa 2 Std. einfrieren, dann auftauen lassen und in etwa 2 $\frac{1}{2}$ cm große Würfel schneiden. $\frac{3}{4}$ l Wasser in einem Topf zum Kochen bringen, die Tofustücke darin etwa 1 Min. sprudelnd kochen. Mit einem Schaumlöffel herausheben, in einem Sieb abtropfen lassen.

2 Mu Er-Pilze in warmem Wasser etwa 10 Min. einweichen. Inzwischen Frühlingszwiebel putzen, waschen und fein hacken. Ingwer schälen und fein hacken. Wasser in einem Topf zum Kochen bringen. Bambussprossen darin etwa 1 Min. sprudelnd kochen, abgießen, abtropfen und abkühlen lassen. Dann in etwa 1 $\frac{1}{2}$ cm große Würfel schneiden. Broccoli waschen, Röschen in etwa 3 cm große Stücke schneiden. Die Egerlinge putzen, waschen und kleinschneiden. Die eingeweichen Mu Er-Pilze abgießen und gründlich waschen.

3 In einem Wok 1 EL Öl bei mittlerer Hitze heiß werden lassen. Frühlingszwiebel und Ingwer darin kurz anbraten, Tofu, Bambussprossen, Mu Er-Pilze, Egerlinge und die Brühe dazugeben, mit Salz, Reiswein und 1 Prise Pfeffer würzen und zum Kochen bringen. Das Ganze dann in einen Tonkochtopf (oder in einen Topf, der zum Servieren geeignet ist) umfüllen und zugedeckt bei schwacher Hitze etwa 15 Min. köcheln.

4 Inzwischen das restliche Öl in einer Pfanne bei mittlerer Hitze erwärmen, Broccoliröschen darin unter Rühren etwa 2 Min. braten, salzen und pfeffern, zu den anderen Zutaten im Topf geben und servieren.

Info: Durch das Einfrieren entstehen im Tofu viele kleine Löcher, die bei der Zubereitung viel Geschmack in sich aufnehmen.

Tofu mit Pinienkernen

Aus Peking · Geht schnell **Song Zi Dou Fu**

Zutaten für 2 Portionen:
250 g Tofu · 1 Zweig Koriander
2 EL neutrales Pflanzenöl
50 g Pinienkerne
150 ml Gemüsebrühe (selbst-
gemacht oder instant) · Salz
1 EL Reiswein
weißer Pfeffer, frisch gemahlen
1 TL Speisestärke

Zubereitungszeit: 20 Min.

Pro Portion: 1500 kJ/360 kcal

1 Tofu waschen und in etwa 2 $\frac{1}{2}$ cm große Würfel schneiden. In einem Topf $\frac{3}{4}$ l Wasser zum Kochen bringen, die Tofustücke darin etwa 1 Min. sprudelnd kochen, herausheben und abtropfen lassen. Koriander waschen, trockenschütteln und kleinschneiden.

2 Öl in einem Wok bei schwacher Hitze erwärmen, Pinienkerne darin etwa 2 Min. unter Rühren rösten, bis sie braun werden, dann herausnehmen.

3 In dem Restöl im Wok Tofustücke, Pinienkerne, Brühe, Salz, Reiswein und 1 Prise Pfeffer bei mittlerer Hitze etwa 1 Min. kochen. Dann die Speisestärke mit 2 TL Wasser anrühren, untermischen und gut verrühren. Vor dem Servieren mit dem vorbereiteten Koriander bestreuen.

Tofu mit Lauch

Aus Shandong · Gelingt leicht **Da Cong Chao Dou Fu**

Zutaten für 2 Portionen:
250 g Tofu · 1/2 Stange Lauch
3 EL neutrales Pflanzenöl
Salz · 1 EL dunkle Sojasauce
1 EL Reiswein
150 ml Gemüsebrühe (instant)
1 TL Speisestärke
1 TL Sesamöl

Zubereitungszeit: 30 Min.
Pro Portion: 1100 kJ/260 kcal

1 Tofu waschen, in etwa 5 cm lange, 3 cm breite und 2 cm dicke Stücke schneiden. Lauch putzen, waschen und leicht schräg in etwa 4 cm lange, 2 cm breite Stücke schneiden.

2 Öl in einem Wok angießen, Tofustücke nebeneinander in den Wok geben und bei mittlerer Hitze in 5–6 Min. auf beiden Seiten goldgelb braten. Tofustücke herausnehmen.

3 Lauch in das Restöl geben und bei schwacher Hitze kurz anbraten, Tofu dazugeben, mit Salz, Sojasauce und Reiswein würzen und die Brühe angießen. Bei mittlerer Hitze etwa 2 Min. kochen. Stärke mit 3 TL Wasser anrühren, untermischen und gut verrühren, bis die Tofu-Lauch-Mischung leicht gebunden ist. Vor dem Servieren mit Sesamöl beträufeln.

Süßsaure Gurken

Sommergericht · Geht schnell **Tang Cu Huang Gua**

Zutaten für 4 Portionen:
500 g Salatgurken
Salz
2 EL Zucker
2 TL dunkler Reisessig
1 TL Sesamöl

Zubereitungszeit: 20 Min.
Pro Portion: 210 kJ/50 kcal

1 Gurken waschen, längs halbieren. Die Kerne ausschaben und die Gurken quer in etwa 5 cm lange Stücke, dann längs in dünne Scheiben schneiden. Die Scheiben mit Salz bestreuen und etwa 10 Min. Wasser ziehen lassen, dann die Flüssigkeit abtupfen.

2 Zucker, Essig und Sesamöl über die Gurken geben, gut verrühren und auf einem Teller anrichten.

Tip! Wenn Sie gerne scharf essen, können Sie auch noch 1 TL Chiliöl dazugeben. Wenn Sie es süßer mögen – in China werden für dieses Rezept 100 g Zucker verwendet.

Bohnen mit Knoblauch

Sommergericht · Geht schnell **Qing Chao Dou Jiao**

Zutaten für 2 Portionen:
300 g grüne Stangenbohnen
3 Knoblauchzehen
2–3 EL neutrales Pflanzenöl
Salz · 1 TL Reiswein
150 ml Gemüsebrühe (instant)

Zubereitungszeit: 20 Min.
Pro Portion: 510 kJ/120 kcal

1 Bohnen putzen und waschen, schräg in dünne Streifen schneiden. Knoblauch schälen, zuerst in dünne Scheiben, dann in Streifen schneiden.

2 Öl im Wok oder in einer Pfanne bei mittlerer Hitze heiß werden lassen. Knoblauch darin kurz anbraten, Bohnen unter Rühren kurz mitbraten, dann mit Salz und Reiswein würzen, die Brühe angießen. Zugedeckt etwa 3 Min. schmoren, dann servieren.

Info: Weil die Bohnen in dünne Streifen geschnitten sind, müssen sie nicht lange braten. So bleiben die Vitamine gut erhalten und die Bohnen knackig.

Geschmorte Auberginen

Sehr mild · Gelingt leicht   Su Shao Qiezi

Zutaten für 4 Portionen:
1 kg mittelgroße Auberginen
2 Frühlingszwiebeln
2 Knoblauchzehen
1 etwa walnußgroßes Stück Ingwer
(25 g)
1 Zweig Koriander
1 l neutrales Pflanzenöl
zum Fritieren
2 TL Zucker
3 EL dunkle Sojasauce
1 EL Reiswein
Salz
¹/₄ l Gemüsebrühe
(selbstgemacht oder instant)

Zubereitungszeit: 40 Min.

Pro Portion: 1300 kJ/310 kcal

1 Die Auberginen waschen, trockentupfen und längs in Scheiben von etwa 1 ¹/₂ cm Dicke, dann quer in etwa 5 cm lange Stücke schneiden. Frühlingszwiebeln waschen und putzen, Knoblauch und Ingwer schälen. Diese drei Zutaten fein hacken. Koriander waschen, trockenschütteln und kleinschneiden.

2 Öl zum Fritieren in einem Wok stark erhitzen, bis an einem ins Öl getauchten Holzstäbchen kleine Bläschen aufsteigen. Die Auberginen darin etwa 3 Min. fritieren, Vorsicht, Spritzgefahr! Mit einem Schaumlöffel herausnehmen und das Fett abtropfen lassen. Öl bis auf einen dünnen Film (etwa 3 EL) aus dem Wok gießen.

3 Das Öl im Wok bei schwacher Hitze erwärmen. Zucker darin unter Rühren braun werden lassen, dann Frühlingszwiebeln, Ingwer und Knoblauch dazugeben, etwa 1 Min. anbraten. Die Auberginenstücke darüber in den Wok legen. Sojasauce, Reiswein, Salz und Brühe in einer Schale verrühren und über die Auberginen gießen, den Wok kurz schwenken. Zugedeckt bei schwacher Hitze etwa 3 Min. dünsten, bis nur noch ganz wenig Sauce im Wok ist. Vor dem Servieren mit Koriander bestreuen.

Silbermorcheln mit Gemüse

Sehr mild · Gelingt leicht Yin Er Su Hui

Zutaten für 4 Portionen:
10 g Silbermorcheln
20 g Donggu-Pilze
100 g kleine Champignons
100 g Möhren
100 g Broccoli
400 ml Gemüsebrühe
(selbstgemacht oder instant)
Salz
1 TL Zucker
1 EL Stärke
1 TL Sesamöl

Zubereitungszeit: 40 Min.
(+1 Std. Einweichen)

Pro Portion: 220 kJ/52 kcal

1 Die Silbermorcheln in warmem Wasser etwa 1 Std. einweichen, dann abgießen, von den Wurzeln befreien und in 2–3 cm große Stücke schneiden. Die Donggu-Pilze in warmem Wasser etwa 10 Min. einweichen, waschen und so groß wie die Champignons schneiden. Champignons putzen und waschen. Möhren schälen, Broccoli waschen, Röschen und Möhren in Größe der Champignons schneiden.

2 Die Silbermorcheln in einem Topf in ½ l Wasser zugedeckt bei schwacher Hitze etwa 15 Min. köcheln, herausnehmen und beiseite stellen. Donggu-Pilze, Champignons, Möhren und Broccoliröschen nacheinander im selben Wasser bei mittlerer Hitze je 1–1 ½ Min. sprudelnd kochen. Dabei im Laufe des Kochvorgangs ¼ l Wasser mehr dazugießen. Das Gemüse jeweils herausnehmen, in je eine Schüssel geben und kaltes Wasser darüber gießen, damit es knackig bleibt.

3 Silbermorcheln in der Mitte auf einem Teller anrichten. Donggu-Pilze, Champignons, Möhren und Broccoliröschen aus dem Wasser nehmen, abtropfen lassen und jeweils die Hälfte der selben Zutat um die Morcheln herum einander gegenüber anrichten.

4 Gemüsebrühe in einem Topf zum Kochen bringen, mit Salz und Zucker würzen. Stärke mit 2 EL Wasser anrühren, in die Brühe rühren, nochmals aufkochen lassen und über die Gemüseplatte gießen. Zum Schluß mit Sesamöl beträufeln.

Info: Dieses Gericht schmeckt für den europäischen Geschmack sehr mild. Innerhalb einer großen Speisenfolge sollte aber wegen der Harmonie des Geschmacks immer auch ein solches weniger würzig schmeckendes Essen serviert werden.

Scharfe Kartoffelstreifen

Deftig · Gelingt leicht **Su Chao La Tu Dou Si**

Zutaten für 2 Portionen:
300 g Speisekartoffeln, festkochend
je 1 Stück grüne und rote
Paprikaschote (je etwa 25 g)
1 Knoblauchzehe
4 EL neutrales Pflanzenöl
2 getrocknete mittelscharfe Chili-
schoten
10 Sichuan-Pfefferkörner
1 ½ EL helle Sojasauce
5 EL heller Reisessig

Zubereitungszeit: 45 Min.

Pro Portion: 1100 kJ/260 kcal

1 Kartoffeln schälen und in sehr dünne Scheiben schneiden. Dafür an einer Seite ein Stück abschneiden, damit die Kartoffel gut auf dem Schneidebrett steht. Die Scheiben dann in streichholzdicke Streifen schneiden. Je dünner die Kartoffeln geschnitten sind, desto knackiger schmecken sie später.

2 Die Kartoffeln zweimal abspülen und dann mit kaltem Wasser bedecken, um die Stärke zu entfernen. Die Paprikastücke waschen, eventuell Stiel und Kerne entfernen und ebenfalls in dünne Streifen schneiden. Knoblauch schälen und fein hacken. Kartoffeln abgießen und abtropfen lassen.

3 Öl in einer Pfanne oder im Wok bei mittlerer Hitze heiß werden lassen. Knoblauch, Chilischoten und Sichuan-Pfefferkörner darin unter Rühren braten, bis sie würzig duften. Dann das Öl abseihen, auffangen und zurückgießen.

4 Kartoffeln und Paprikastreifen ins Öl geben, mit Sojasauce würzen und bei starker Hitze unter schnellem Rühren etwa 3 Min. schmoren, bis sie gar sind. Die Temperatur auf schwächste Hitze reduzieren. Essig dazugeben und schnell verrühren, eventuell mit 1 Prise Salz nachwürzen.

Getränk: Dazu paßt ein kühles Pils am besten.

Tip! Anstelle des Paprikas kann man auch Frühlingszwiebeln nehmen.

Gebratener Stangensellerie

Frühlingsgericht · Gelingt leicht **Dong Gu Chao Qin Cai**

Zutaten für 2 Portionen:
20 g getrocknete Donggu-Pilze
250 g zarter Stangensellerie
3 EL neutrales Pflanzenöl
5 Sichuan-Pfefferkörner
Salz
100 ml Gemüsebrühe
(selbstgemacht oder instant)

Zubereitungszeit: 20 Min.

Pro Portion: 570 kJ/140 kcal

1 Donggu-Pilze in warmem Wasser etwa 10 Min. einweichen. Inzwischen Sellerie waschen, trockentupfen und schräg in etwa 5 cm lange Stücke, dann längs in dünne Streifen schneiden. Pilze aus dem Wasser nehmen, waschen, von den Stielen befreien und in dünne Streifen schneiden.

2 In einem kleinen Topf 1 EL Öl bei schwacher Hitze erwärmen, Sichuan-Pfefferkörner darin unter Rühren etwa 1 Min. anbraten, dann das Öl abseihen, auffangen und beiseite stellen.

3 Im Wok oder in einer Pfanne 2 EL Öl bei mittlerer Hitze heiß werden lassen. Sellerie und Pilze darin unter Rühren kurz anbraten, mit Salz würzen und die Brühe angießen. Zugedeckt bei mittlerer Hitze etwa 3 Min. kochen. Nicht zu lange kochen, sonst ist der Sellerie nicht knackig. Vor dem Servieren mit dem Sichuan-Pfeffer-Öl beträufeln.

Getränk: Dazu können Sie grünen Tee servieren.

Bohnensprossen mit Essig

Sommergericht · Geht schnell

Cu Peng Lü Dou Ya

Zutaten für 2 Portionen:
250 g Mungobohnensprossen
1 Frühlingszwiebel
1 dünne Scheibe Ingwer
2 EL neutrales Pflanzenöl
Salz
1 TL helle Sojasauce
1 EL Reiswein
1 TL heller Reisessig

Zubereitungszeit: 15 Min.

Pro Portion: 580 kJ/120 kcal

1 Die Mungobohnensprossen waschen und abtropfen lassen. Die Frühlingszwiebel putzen, waschen und zuerst quer in etwa 5 cm lange Stücke, dann längs in dünne Streifen schneiden. Den Ingwer schälen und in dünne Streifen schneiden.

2 Öl im Wok stark erhitzen. Frühlingszwiebel und Ingwer darin kurz anbraten, Mungobohnensprossen dazugeben und mit Salz, Sojasauce, Reiswein und Essig würzen, unter schnellem Rühren etwa 1 Min. braten. Herausnehmen und servieren.

Variante: Sie können zu den Mungobohnensprossen noch 1 grüne Paprikaschote nehmen. Dazu die Paprikaschote von Stiel und Kernen befreien, waschen und in etwa 4 cm lange und dünne Streifen schneiden. Die Paprikastreifen werden zusammen mit den Sprossen gebraten (siehe Foto).

Tip! Dieses Gericht eignet sich besonders gut als Diätgericht, denn es ist kalorienarm und leicht verdaulich. Damit die Sprossen knackig bleiben, muß die Zubereitung sehr schnell gehen. Beim Kauf sollten Sie darauf achten, daß die Sprossen schön weiß sind und nicht zu lange Wurzeln haben.

Bohnensprossen

Bohnen, vor allem Sojabohnen, sind in der chinesischen Küche sehr beliebt. Da Bohnen selbst oft schwer verdaulich sind, werden sie meist zu den verschiedensten Produkten weiterverarbeitet. Auch die Verwendung von Bohnensprossen entspringt dem Erfindungsgeist der chinesischen Küche. Die Bohnensprossen enthalten reichlich Protein und Vitamine. Es gibt grundsätzlich zwei Sorten von Bohnensprossen: Mungobohnensprossen (Lü Dou Ya) und Sojabohnensprossen (Huang Dou Ya). Am häufigsten werden Mungobohnensprossen verwendet, die in Deutschland oft fälschlicherweise auch als Sojabohnensprossen

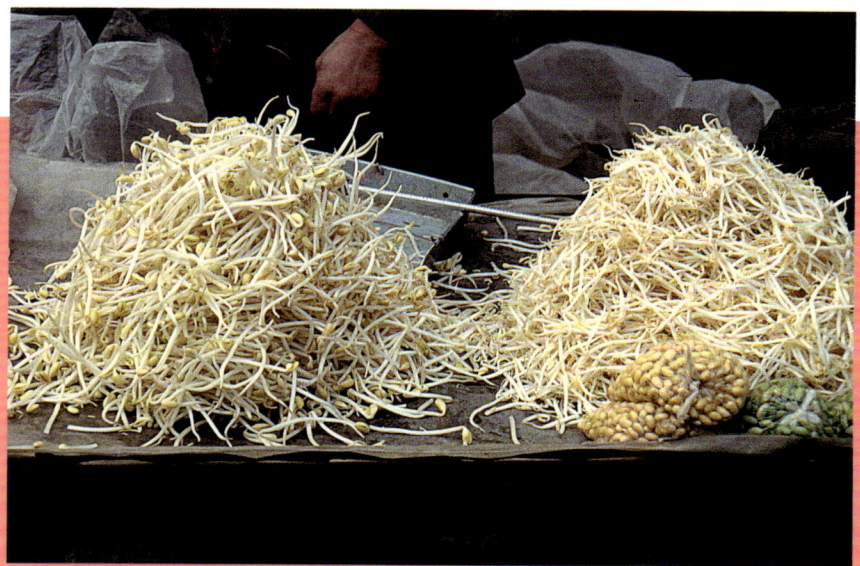

Sprossen sind reicher an Vitaminen als später die erwachsene Pflanze.

bezeichnet werden. Sie sind fein und können sowohl als Salat oder kurz gebraten als Gemüse gegessen werden, während die Sojabohnensprossen größer sind und nur gebraten gegessen werden. Besonders an heißen Sommertagen sind die Mungobohnensprossen als Salat sehr beliebt. Man kann Mungobohnensprossen auch zusammen mit anderen Zutaten als Füllung für Frühlingsrollen verwenden oder als Zutat für gebratene Nudeln.

SUPPEN

Wenn Sie in China zu einem Essen eingeladen sind, werden Sie merken, daß die Suppe im Gegensatz zur westlichen Küche entweder als Zwischengang, in der Regel aber zum Schluß serviert wird und den Ausklang eines Essens bildet. Im alten China war das Auftragen der Suppe ein Zeichen dafür, sich langsam vom Gastgeber zu verabschieden. Anders als im Westen, wo die Unterhaltung sich auch bei einem Glas Wein nach einem relativ schnell servierten Essen fortsetzen kann, läßt man sich in China viel Zeit für die Unterhaltung während des Essens. In China schlürft man seine Suppe – so heißt es in der chinesischen Sprache nicht »Suppe essen«, sondern »Suppe trinken«. In der Tat soll die Suppe in China nicht den Magen öffnen, sondern ihn schließen. Suppen sind nach einer längeren Menüfolge nur leicht gewürzt, um nach vielen scharfen, pikanten und süßsauren Gängen die Geschmacksnerven zu entspannen.

Auch Suppen variieren je nach Jahreszeiten – im Sommer serviert man leichtere und im Winter kräftigere Suppen. Die wohl im Westen bekannteste Suppe ist die »Sauerscharfe Suppe« (in den meisten China-Restaurants »Peking-Gulaschsuppe« genannt), eine kräftige Suppe für die kalte Jahreszeit. Gegessen wird die Suppe mit Porzellanlöffeln aus Schälchen. Manchmal wird dazu etwas Reis serviert, bei Festessen jedoch gewöhnlich nicht.

»San-Xian«-Suppe

Festlich · Gelingt leicht San Xian Tang

Zutaten für 4 Portionen:
20 g getrocknete Donggu-Pilze
100 g rohe ungeschälte
Tiefseegarnelen
100 g Hühnerbrust, ohne Haut
und Knochen (etwa 2 cm dick)
2 Zweige Koriander
³/₄ l Hühnerbrühe (selbstgemacht
oder instant)
Salz
weißer Pfeffer, frisch gemahlen
1 EL Reiswein
1 EL helle Sojasauce
1 TL Sesamöl

Zubereitungszeit: 30 Min.

Pro Portion: 320 kJ/76 kcal

1 Donggu-Pilze in warmem Wasser etwa 10 Min. einweichen. Von den Garnelen den Kopf abschneiden, Garnelen aus der Schale lösen, am Rücken entlang aufschlitzen und mit einer Messerspitze den schwarzen Darm entfernen.

2 Garnelen waschen, trockentupfen und längs halbieren. Das Hühnerfleisch waschen, trockentupfen und in etwa 4 cm lange, dünne Scheiben schneiden. Koriander waschen, trockenschütteln und fein hacken.

3 In einem Topf Wasser aufkochen. Garnelen und Hühnerfleisch hineingeben und etwa 1 Min. sprudelnd kochen, herausnehmen und in einem Sieb abtropfen lassen. Donggu-Pilze aus dem Wasser nehmen, waschen, von den Stielen befreien und in dünne Streifen schneiden.

4 Hühnerbrühe in einem Topf zum Kochen bringen, Garnelen, Hühnerfleisch und Donggu-Pilze hineingeben, mit Salz, 1 Prise Pfeffer, Reiswein und Sojasauce würzen. Aufkochen lassen. Eventuell mit einem Löffel den Schaum abschöpfen. Vor dem Servieren die Suppe mit Koriander bestreuen und mit Sesamöl beträufeln.

Variante: Die »San-Xian«-Suppe läßt sich auch für Vegetarier abwandeln. Man ersetzt die Garnelen und die Hühnerbrust durch 100 g Bambussprossen und 2 Eier. Statt Hühnerbrühe nimmt man Gemüsebrühe. Bambussprossen in kochendem Wasser etwa 1 Min. sprudelnd kochen, abgießen, abkühlen lassen und in etwa 4 cm lange, sehr dünne Streifen schneiden. Eier aufschlagen und mit einer Prise Salz verquirlen. 1 TL neutrales Pflanzenöl in einem Wok erwärmen, die Eiermasse hineingeben, durch Schwenken sehr dünn verteilen und bei schwacher Hitze fest werden lassen. Herausnehmen, abkühlen lassen und in etwa 4 cm lange, dünne Streifen schneiden. Mit den Bambussprossen in die kochende Gemüsebrühe geben, aufkochen lassen und würzen wie oben beschrieben.

Info: Als »San Xian« bezeichnet man drei besonders gut schmeckende Zutaten. San Xian spielt in der chinesischen Küche eine sehr wichtige Rolle. Es sind in der Regel Garnelen, Schweine-, Enten- oder Hühnerfleisch, Fisch, Donggu-Pilze usw. Die Zahl »drei« ist nicht unbedingt wörtlich zu nehmen. Wichtig ist, daß man bei der Zusammensetzung Phantasie hat. Das Originalrezept verwendet z.B. Seegurken. Da deren Geschmack für Europäer etwas ungewohnt ist, haben wir diese durch Donggu-Pilze ersetzt.

Haifischflossensuppe

Sehr mild · Braucht etwas Zeit   Yu Chi Tang

Zutaten für 4 Portionen:
10 g getrocknete Haifischflossen
20 g getrocknete Donggu-Pilze
50 g Hühnerbrust,
ohne Haut und Knochen
50 g Bambussprossen in Stücken
(aus der Dose)
5 Stengel Schnittlauch
2 EL neutrales Pflanzenöl
Salz · 1 EL Reiswein
weißer Pfeffer, frisch gemahlen
1 TL Sesamöl

Zubereitungszeit: 1 Std.

Pro Portion: 350 kJ/83 kcal

1 Die Haifischflossen und Donggu-Pilze in warmem Wasser etwa 10 Min. einweichen. Hühnerbrust waschen, trockentupfen und in einem kleinen Topf mit 650 ml Wasser zugedeckt etwa 15 Min. bei mittlerer Hitze kochen, dann herausnehmen. Die Brühe aufheben. Hühnerbrust abkühlen lassen und in etwa 5 cm lange, dünne Streifen schneiden.

2 In einem Topf Wasser aufkochen. Bambussprossen darin etwa 1 Min. sprudelnd kochen, mit einem Schaumlöffel herausnehmen, abtropfen und abkühlen lassen. Dann in etwa 5 cm lange und streichholzdicke Streifen schneiden. Schnittlauch waschen, trockenschütteln, fein hacken, dann beiseite stellen. Haifischflossen und Donggu-Pilze aus dem Wasser nehmen. Haifischflossen in etwa 5 cm große Stücke schneiden und Donggu-Pilze in

dünne Streifen schneiden. Haifischflossen in der aufgehobenen Brühe zugedeckt bei schwacher Hitze etwa 20 Min. köcheln, herausnehmen und abtropfen lassen. Brühe wiederum aufheben.

3 Öl im Wok oder in einem Topf bei mittlerer Hitze heiß werden lassen. Donggu-Pilze und Bambussprossen darin unter Rühren kurz anbraten, Haifischflossen und die Hühnerbruststreifen dazugeben, mit Salz, Reiswein und 1 Prise Pfeffer würzen, dann die Brühe dazugießen. Aufkochen lassen und bei mittlerer Hitze noch etwa 3 Min. kochen. Die Suppe in Schälchen servieren. Vor dem Servieren mit dem Schnittlauch bestreuen und mit Sesamöl beträufeln.

Suppe mit Donggu-Pilzen

Aus Shandong · Gelingt leicht   **Dong Gu Mu Xi Tang**

Zutaten für 4 Portionen:
10 g getrocknete Donggu-Pilze
5 getrocknete Mu Er-Pilze
25 g Bambussprossen in Stücken
(aus der Dose)
50 g mageres Schweinefleisch
10 g frische Spinatblätter
1 Ei
Salz
650 ml Gemüsebrühe
(selbstgemacht oder instant)
weißer Pfeffer, frisch gemahlen
1 TL Reiswein
1 TL Sesamöl

Zubereitungszeit: 30 Min.

Pro Portion: 280 kJ/67 kcal

1 Donggu-Pilze und Mu Er-Pilze getrennt voneinander in warmem Wasser etwa 10 Min. einweichen. Herausnehmen und waschen. (Mu Er-Pilze gründlich waschen!) In einem Topf Wasser aufkochen. Bambussprossen darin etwa 1 Min. sprudelnd kochen, mit einem Schaumlöffel herausnehmen, abtropfen und abkühlen lassen.

2 Fleisch waschen und trockentupfen. Spinat putzen und in stehendem Wasser gründlich waschen. Alle vorbereiteten Zutaten in etwa 5 cm lange, dünne Streifen schneiden. Das Ei in einer Schüssel verquirlen, dabei 1 Prise Salz dazugeben.

3 Brühe in einem Topf zum Kochen bringen, Fleisch hineingeben und mit Salz und 1 Prise Pfeffer würzen. Nach dem Aufkochen mit einem Löffel abschäumen. Dann Donggu-Pilze, Mu Er-Pilze, Bambussprossen und Spinat dazugeben. Sobald die Suppe aufkocht, die Eiermasse mit einem Löffel langsam in die Suppe untermischen, dann sofort vom Herd nehmen. Danach den Reiswein darüber gießen. Vor dem Servieren mit Sesamöl beträufeln.

Sauerscharfe Suppe

Geht schnell · Gelingt leicht   Suan La Tang

Zutaten für 4 Portionen:
50 g Schweinefilet
5 getrocknete Mu Er-Pilze
10 g Glasnudeln
50 g Tofu
30 g Bambussprossen in Stücken
(aus der Dose)
1 Stück Frühlingszwiebel
(etwa 10 cm lang)
2 Zweige Koriander
2 EL neutrales Pflanzenöl
6–8 Sichuan-Pfefferkörner
1 ½ EL Sesamöl zum Anbraten
8 weiße Pfefferkörner
2 EL helle Sojasauce
1 EL Reiswein
1 EL Speisestärke
2 Eier
2 EL dunkler Reisessig

Zubereitungszeit: 40 Min.

Pro Portion: 720 kJ/170 kcal

1 Das Schweinefilet waschen, trockentupfen und in einem Topf in ¾ l Wasser etwa 15 Min. bei mittlerer Hitze zugedeckt kochen. Mu Er-Pilze und Glasnudeln getrennt in warmem Wasser etwa 10 Min. einweichen.

2 Inzwischen in einem Topf Wasser aufkochen. Tofu und Bambussprossen darin etwa 1 Min. sprudelnd kochen, mit einem Schaumlöffel herausnehmen, abtropfen und abkühlen lassen. Dann den Tofu in etwa 3 cm lange, 1 cm breite Streifen und die Bambussprossen in streichholzdicke Streifen schneiden. Die Frühlingszwiebel putzen, waschen und fein hacken. Den Koriander waschen, trockenschütteln und mit den Stengeln in etwa 1 cm lange Stücke schneiden.

3 Öl in eine Pfanne gießen, Sichuan-Pfefferkörner darin bei schwacher Hitze etwa 1 Min. anbraten. Danach das Öl abseihen, auffangen und beiseite stellen. Glasnudeln aus dem Wasser nehmen und in etwa 5 cm lange Stücke schneiden. Mu Er-Pilze aus dem Wasser nehmen, gründlich waschen und in Streifen schneiden. Fleisch aus dem Topf nehmen und in dünne Streifen schneiden. Die Brühe aufheben.

4 Sesamöl in einem Topf bei schwacher Hitze erwärmen. Die weißen Pfefferkörner darin unter Rühren kurz anbraten, dann mit einem Löffel herausnehmen. Frühlingszwiebel ebenfalls unter Rühren kurz darin anbraten. Die beiseite gestellte Brühe angießen, die Temperatur auf mittlere Hitze hochschalten und die Brühe zum Kochen bringen.

5 Fleisch, Glasnudeln, Mu Er-Pilze, Tofu und Bambussprossen in die Brühe geben, dann mit Sojasauce und Reiswein abschmecken. Stärke mit 4 EL Wasser verrühren, einrühren und alles noch einmal aufkochen lassen.

6 Eier in einer Schüssel verquirlen und unter Rühren in die kochende Suppe mischen. Suppe dann sofort vom Herd nehmen, Essig hineingeben, mit dem Sichuan-Pfeffer-Öl beträufeln und mit Koriander bestreuen.

Info: Tofu wird aus Sojabohnenmilch hergestellt. Es enthält hochwertiges Eiweiß und lebensnotwendige Fettsäuren, außerdem wichtige Mineralstoffe und Vitamine. Es ist außerdem cholesterinfrei und hat wenig Kalorien. Kein Wunder, daß Tofu in der chinesischen Küche sehr beliebt ist. Sie können Tofu in Asien-Läden, aber auch in allen Naturkostläden oder in Reformhäusern kaufen.

Tip! Für dieses in vielen China-Restaurants auch »Peking-Gulaschsuppe« genannte Gericht können Sie statt Schweinefilet auch Hühnerfleisch hineingeben. Zum Anbraten von Pfefferkörnern und Lauch können Sie auch normales Pflanzenöl nehmen.

Suppe mit Zha Cai

Zha Cai Rou Si Tang

Frühlingsgericht · Geht schnell

Zutaten für 4 Portionen:
100 g mageres Schweinefleisch
80 g eingelegtes Gemüse
(Zha Cai, aus der Dose, siehe Info)
2 Zweige Koriander
¹/₂ l Fleischbrühe (selbstgemacht
oder instant)
1 EL Reiswein
1 TL Sesamöl

Zubereitungszeit: 20 Min.

Pro Portion: 310 kJ/74 kcal

1 Das Schweinefleisch waschen, trockentupfen und in etwa 5 cm lange, dünne Streifen schneiden. Das eingelegte Gemüse waschen und ebenfalls in etwa 5 cm lange und sehr dünne Streifen schneiden. Koriander waschen, trockenschütteln und fein hacken.

2 Die Brühe in einem Topf zum Kochen bringen, das eingelegte Gemüse hineingeben und etwa 5 Min. bei schwacher Hitze köcheln lassen.

3 Das Fleisch dazugeben und bei mittlerer Hitze etwa 1 Min. kochen, eventuell mit einem Schaumlöffel abschäumen. Den Reiswein untermischen. Vor dem Servieren mit Koriander bestreuen und mit Sesamöl beträufeln.

Variante: Vegetarier können statt Schweinefleisch Eierblumen (siehe unten) in eine Gemüsebrühe geben.

Info: Das eingelegte Gemüse (Zha Cai) schmeckt salzig und ein bißchen scharf, daher muß man in die Suppe kein Salz geben. Zha Cai gibt es in den meisten Asien-Läden in Dosen. Man kann Zha Cai, in dünne Scheiben geschnitten, als Vorspeise essen oder klein geschnitten auch mit anderen Zutaten zusammen zubereiten, z. B. mit Schweinefleisch braten oder mit Chinakohl dünsten. Nach Öffnung der Dose sollten Sie das nicht verbrauchte Zha Cai in einem Glas gut verschlossen im Kühlschrank aufbewahren, so ist es bis zu 2 Wochen haltbar.

Eierblumensuppe

Xi Hong Shi Dan Hua Tang

Sommergericht · Gelingt leicht

Zutaten für 4 Portionen:
200 g reife Tomaten
5 Stengel Schnittlauch
2 EL neutrales Pflanzenöl
Salz
weißer Pfeffer, frisch gemahlen
³/₄ l Gemüsebrühe (selbstgemacht
oder instant)
2 Eier
1 TL Sesamöl

Zubereitungszeit: 15 Min.

Pro Portion: 430 kJ/100 kcal

1 Die Tomaten ganz kurz mit kochendem Wasser überbrühen, abschrecken und häuten. Dann die Tomaten quer halbieren, entkernen und in dünne Scheiben schneiden, dabei vom Stielansatz befreien. Den Schnittlauch waschen, trockenschütteln, fein schneiden und in einem Schüsselchen beiseite stellen.

2 Öl in einem Wok bei mittlerer Hitze heiß werden lassen. Die Tomatenscheiben hineingeben, mit Salz und Pfeffer würzen und kurz anbraten. Wenn das Öl rötlich geworden ist, die Gemüsebrühe dazugeben, dann die Temperatur hochschalten und die Brühe zum Kochen bringen.

3 Eier in einer Schüssel aufschlagen und verquirlen und gleichmäßig in die kochende Brühe verteilen. Den Wok sofort vom Herd nehmen. Suppe vor dem Servieren in Schälchen füllen, mit Sesamöl beträufeln und mit dem vorbereiteten Schnittlauch bestreuen.

Tip! Diese Suppe kann mit 2 EL Speisestärke, in 2 EL Wasser angerührt, auch dickflüssig zubereitet werden. Dabei zuerst die angerührte Stärke in die Brühe einrühren und erst dann die Eier hineingeben. Während die dünnflüssige Variante erfrischend schmeckt und daher für den Sommer geeignet ist, schmeckt die dickflüssige im Winter besser.

TEIGWAREN

Die weit verbreitete Vorstellung, daß jeder Chinese zu seinen alltäglichen Mahlzeiten Reis ißt, trifft nur auf Südchina zu. In Nordchina werden in erster Linie Teigwaren, beispielsweise »Mantou« (Dampfnudeln aus Weizenmehl), Nudeln, Teigfladen und gefüllte Teigtäschchen verzehrt. Natürlich gibt es auch Reis, jedoch in wesentlich geringerer Menge als in Südchina. Für »Mantou« gibt es viele Varianten – ungefüllt oder mit einer Füllung aus Fleisch oder Gemüse oder beidem (gefüllt heißen sie »Baozi«). Man kann »Mantou« zu jeder Mahlzeit am Tage reichen. Beliebt sind sie auch als Wegzehrung auf Reisen.

Die Zubereitung von gefüllten Teigtaschen ist relativ zeitaufwendig. In China löst man dieses Problem gemeinsam. Familienmitglieder, Nachbarn oder Freunde teilen sich die Arbeit – der eine bereitet den Teig, der zweite die Füllung, ein dritter füllt die Teigtaschen mit der meist aus Fleisch und Gemüse bestehenden Füllung. Dabei ist ständig eine lebhafte Unterhaltung im Gange.

Der Streitfrage, ob Nudeln in Italien schon vor Marco Polo bekannt waren, möchten wir uns hier entziehen. Jedenfalls folgten seinem Reisebericht zahllose Lobgesänge auf die außergewöhnlichen chinesischen Nudeln. Schon sehr früh kannten die Chinesen die Vorzüge stärkehaltiger Teigwaren und deren vielfältige Kombinationsmöglichkeiten. Bei Geburtstagsessen serviert man

besonders lange Nudeln als Symbol für langes Leben. Getrocknete Nudeln mit Trockengemüse, die im Styropor-Behälter mit kochendem Wasser aufgeschüttet werden, gehören zum beliebtesten Reiseproviant der Chinesen.

Teigtaschen mit Füllung

Guo Tie

Zutaten für 2 Portionen,
für etwa 30 Stück:
250 g Mehl
1 Frühlingszwiebel
1 dünne Scheibe Ingwer
150 g Schweinehackfleisch
Salz
1 EL helle Sojasauce
1 TL Reiswein
Mehl zum Ausrollen
6 EL neutrales Pflanzenöl
1 TL dunkler Reisessig
Zum Dippen:
1 EL Sesamöl pro Person

Zubereitungszeit: 1 Std.
(+ 1 Std. Ruhen)

Pro Stück: 230 kJ/55 kcal

1 Das Mehl in eine Schüssel geben. Nach und nach mit etwa 100 ml warmem Wasser zu einem glatten Teig verkneten. In ein feuchtes Tuch wickeln und etwa 1 Std. ruhen lassen.

2 Inzwischen die Frühlingszwiebel waschen, putzen und fein hacken. Den Ingwer schälen und ebenfalls fein hacken.

3 Das Schweinehackfleisch mit Frühlingszwiebel, Ingwer, Salz, Sojasauce, Reiswein und 2 EL kaltem Wasser in einer Schüssel verrühren.

4 Den Teig auf wenig Mehl zu einer Rolle von etwa 2 ½ cm Durchmesser formen. Die Rolle in insgesamt etwa 30 Stücke teilen. Teigstücke mit einem kleinen Handroller (oder zur Not auch mit einem normalen Handroller) in runde Stücke von etwa 7 cm Durchmesser ausrollen. Die Mitte sollte etwas dicker als der Rand sein.

5 Auf jedes Teigstück 1 TL von der Hackfleischfüllung geben, Fladen zu Halbmonden zusammenlegen und die Ränder mit den Fingerkuppen andrücken.

6 In einer Pfanne Öl bei mittlerer Hitze heiß werden lassen. Die gefüllten Teigtaschen eng nebeneinander in die Pfanne legen und etwa 2 Min. anbraten. Dann etwa ⅛ l kaltes Wasser mit Essig mischen, angießen und die Pfanne schnell zudecken (durch den Essig wird der Boden der Teigtaschen knuspriger). Nach 5–7 Min., wenn kein Wasser mehr in der Pfanne ist, können die Teigtaschen serviert werden. Man dippt sie beim Essen kurz in Sesamöl.

Variante: In die Füllung kann man auch noch fein gehackten Chinakohl oder fein gehackten chinesischen Schnittlauch geben.

Tip! Sie können den Teig auch auf bemehlter Arbeitsfläche ausrollen und mit einem Glas von 7 cm Durchmesser Kreise von ebensolcher Größe ausstechen. Dann in einem Zug die Füllung verteilen und alle Teigstücke nacheinander zusammendrücken. Das geht schneller, ist aber nicht typisch.

Gebratene San-Xian-Nudeln

Braucht etwas Zeit

San Xian Chao Mian

Zutaten für 2 Portionen:
20 g getrocknete Donggu-Pilze
100 g rohe ungeschälte
Tiefseegarnelen
100 g Hühnerbrust, ohne Haut
und Knochen
1 Eiweiß
1 TL Speisestärke · Salz
50 g Bambussprossen in Stücken
(aus der Dose)
200 g mitteldicke chinesische
Nudeln
2 ¹/₂ EL helle Sojasauce
4 EL neutrales Pflanzenöl
zum Braten
1 EL Reiswein
weißer Pfeffer, frisch gemahlen
nach Belieben: 1 TL Sesamöl

Zubereitungszeit: 40 Min.

Pro Portion: 2800 kJ/670 kcal

1 Donggu-Pilze in warmem Wasser etwa 10 Min. einweichen. Von den Garnelen den Kopf abschneiden, Garnelen aus der Schale lösen, am Rücken entlang aufschlitzen und mit einer Messerspitze den schwarzen Darm entfernen (siehe Schritt 1, S. 110). Die Garnelen waschen und längs halbieren. Das Hühnerfleisch waschen, trockentupfen und in etwa 4 cm lange, 1 cm breite, dünne Streifen schneiden.

2 Garnelen und Hühnerfleisch getrennt mit je ¹/₂ Eiweiß, ¹/₂ TL Stärke und 1 Prise Salz verrühren. In einem Topf Wasser zum Kochen bringen. Bambussprossen darin etwa 1 Min. sprudelnd kochen, mit einem Schaumlöffel herausnehmen, abtropfen und

abkühlen lassen, dann in dünne Streifen schneiden. Die Pilze aus dem Wasser nehmen, waschen und in Streifen schneiden. Backofen auf 75° vorheizen.

3 In einem Topf reichlich Wasser zum Kochen bringen, Nudeln hineingeben und 3–5 Min. kochen. In ein Sieb abgießen, abschrecken, abtropfen lassen und in einer Schüssel mit 1 Prise Salz und 1 EL Sojasauce vermischen.

4 Einen Wok oder eine Pfanne bei mittlerer Hitze erwärmen. 2 EL Öl hineingeben und in etwa 3 Min. heiß werden lassen. Die Nudeln hineingeben und gleichmäßig verteilen. Mit 1 EL

Sojasauce würzen und gut verrühren. Den Wok leicht schwenken, damit sich das Öl gleichmäßig verteilt. Die Nudeln 2–3 Min. braten, dann wenden und weitere 3 Min. braten, dabei mit Eßstäbchen ab und zu leicht rühren. Wenn die Nudeln leicht gelbbraun sind, herausnehmen und auf zwei Teller verteilen und im Ofen (Umluft 50°) warm stellen.

5 In den Wok 1 EL Öl geben und bei mittlerer Hitze heiß werden lassen. Die Garnelen darin unter Rühren etwa 2 Min. braten, dann herausnehmen.

Wieder 1 EL Öl in den Wok geben, heiß werden lassen. Das Hühnerfleisch ebenfalls unter Rühren etwa 2 Min. braten.

6 Dann die Pilze, Bambussprossen und Garnelen dazugeben, mit Salz, $\frac{1}{2}$ EL Sojasauce und 1 Prise Pfeffer würzen. Alles unter Rühren etwa 1–2 Min. schmoren, währenddessen 100 ml Wasser dazugeben. Dann alles auf die Nudeln verteilen. Vor dem Servieren nach Belieben mit Sesamöl beträufeln.

Variante: Falls Sie Vegetarier sind, ersetzen Sie die Garnelen und die Hühnerbrust durch 4 Eier. Dazu Eier aufschlagen und mit etwas Salz verquirlen. 4 EL neutrales Pflanzenöl im Wok bei mittlerer Hitze erwärmen. Eier hineingeben, stocken lassen und klein zerteilen. Danach zusammen mit Donggu-Pilzen und Bambussprossen kurz braten.

Tip! Sie können statt der chinesischen Nudeln auch Spaghetti nehmen, die Sie etwa 7 Min. kochen.

Gefüllte Teigtäschchen

Braucht etwas Zeit Shao Mai

Zutaten für 20 Stück:
200 g Mehl
1 Frühlingszwiebel
200 g Schweinehackfleisch
1 Eiweiß
1 EL Reiswein
Salz
¹/₂ TL Zucker
20 tiefgefrorene Erbsen

Zubereitungszeit: 45 Min.
(+ 20 Min. Ruhen)

Pro Stück: 230 kJ/55 kcal

1 Mehl in einer Schüssel mit etwa 100 ml kaltem Wasser verrühren und zu einem glatten Teig verkneten. Den Teig mit einem feuchten Tuch abdecken und etwa 20 Min. ruhen lassen. Inzwischen Frühlingszwiebel putzen, waschen und fein hacken. Das Hackfleisch mit Frühlingszwiebel, Eiweiß, Reiswein, Salz und Zucker gut vermischen und in 20 Portionen teilen.

2 Den Teig noch einmal durchkneten, dann zu einer Rolle von etwa 2 cm Durchmesser formen und in 20 gleich große Stücke schneiden. Jedes Teigstück nochmals durchkneten und zu einer runden Scheibe von etwa 6 cm Durchmesser ausrollen.

3 In einer Hand 1 Teigscheibe flach halten, 1 Portion Fleischfüllung darauf setzen und mit dem Teig so umhüllen, daß das Täschchen nach oben offen bleibt und wie ein Säckchen aussieht. Auf die Öffnung eines jeden Täschchens eine Erbse setzen.

4 Einen Bambusdämpfer mit einem feuchten Tuch auskleiden. Die Täschchen darauf in einem Abstand von etwa 1 cm setzen, den Dämpfer schließen. In einem Wok oder einem Topf, deren Größe für den Bambusdämpfer geeignet ist, ausreichend Wasser bei starker Hitze zum Kochen bringen. Die Täschchen über dem heißen Wasserdampf etwa 10 Min. dämpfen. Wenn Sie keinen Bambusdämpfer haben, siehe Info S. 50.

Nudeln mit Fleischsauce

Aus Peking · Geht schnell Zha Jian Mian

Zutaten für 2 Portionen:
20 g getrocknete Donggu-Pilze
40 g Bambussprossen in Stücken
(aus der Dose)
1 etwa haselnußgroßes
Stück Ingwer (10 g)
1 Stange Lauch (etwa 150 g)
200 g breite chinesische Nudeln
2 EL neutrales Pflanzenöl
125 g Schweinehackfleisch
100 g helle Bohnenpaste
1 TL Reiswein
50 ml Fleischbrühe
(selbstgemacht oder instant)
1 TL Sesamöl

Zubereitungszeit: 30 Min.
Pro Portion: 1900 kJ/450 kcal

1 Donggu-Pilze in warmem Wasser etwa 10 Min. einweichen. Inzwischen Wasser aufkochen, Bambussprossen darin etwa 1 Min. sprudelnd kochen, herausnehmen, abtropfen und abkühlen lassen, dann sehr klein (kleiner als Erbsen) würfeln. Ingwer schälen, Lauch putzen, waschen und beides fein hacken. Pilze aus dem Wasser nehmen und in kleine Würfel schneiden.

2 In einem Topf Wasser zum Kochen bringen. Die Nudeln ins kochende Wasser geben und etwa 10 Min. kochen. Inzwischen das Öl in einer Pfanne oder einem Wok bei mittlerer Hitze heiß werden lassen. Ingwer und Lauch darin unter Rühren anbraten. Hackfleisch,

Bambussprossen und Pilze dazugeben und unter Rühren etwa 1 Min. anbraten. Die Bohnenpaste dazugeben und die Mischung kurz zum Kochen bringen. Den Reiswein untermischen und weiter etwa 1 Min. unter Rühren kochen lassen. Wenn das Fleisch sich langsam in der Sauce löst, die Brühe dazugeben und gut verrühren.

3 Die Nudeln abgießen, abtropfen lassen und in einen tiefen Teller füllen, mit Fleischsauce bedecken und mit Sesamöl beträufeln.

Variante: Vegetarier können statt Fleisch auch etwa 200 g sehr klein gewürfelte Auberginen nehmen.

Frühlingsrollen

Braucht etwas Zeit　San Si Chun Juan

Zutaten für 4 Portionen,
für 12 Stück:
5 getrocknete Donggu-Pilze
150 g mageres Schweinefleisch
Salz · schwarzer Pfeffer,
frisch gemahlen
2 EL Reiswein
2 EL Stärke
1 mittelgroßer Chinakohl
(etwa 300 g)
1 ¹/₂ EL Sesamöl
1 Päckchen tiefgefrorene
Teigblätter
1 Ei
1 l neutrales Pflanzenöl

Zubereitungszeit: 1 Std. 20 Min.

Pro Stück: 630 kJ/150 kcal

1 Pilze in warmem Wasser etwa 20 Min. einweichen. Das Fleisch in etwa 5 mm dicke und 5 cm lange Streifen schneiden, mit Salz und Pfeffer würzen. Reiswein und 1 gestrichenen EL Stärke untermischen. Das Fleisch etwa 10 Min. marinieren. Pilze waschen, abtropfen lassen und dann in feine Streifen schneiden. Chinakohl waschen, längs halbieren und quer in etwa 5 mm dicke Streifen schneiden.

2 Sesamöl im Wok erhitzen, das Fleisch darin bei starker Hitze unter Rühren etwa 2 Min. anbraten, dann herausnehmen. Chinakohl und Donggu-Pilze in den Wok geben, bei mittlerer Hitze unter Rühren 5–10 Min. anbraten, bis sie weich sind. Fleisch dazugeben, mit Salz und Pfeffer abschmecken.

3 Restliche Stärke mit etwas kaltem Wasser anrühren und unter Rühren in die Pfanne geben. Gemüse und Fleisch damit binden. Anschließend das Ganze aus der Pfanne herausnehmen und abkühlen lassen.

4 Aufgetaute Teighüllen auseinandernehmen. Eine Teigplatte flach auf die Arbeitsfläche legen. 2 EL von der Füllung ordentlich auf eine Seite der Teighülle legen, an den Rändern Platz lassen. Das Ei verquirlen. Die Teigränder mit der Eiermasse bestreichen, beide Enden einschlagen, aufrollen und mit etwas Eiermasse verschließen. Auf diese Weise alle Frühlingsrollen füllen.

5 Öl in einem Topf oder Wok stark erhitzen, bis an einem ins Öl getauchten Holzstäbchen Bläschen aufsteigen. Frühlingsrollen darin etwa 5 Min. goldbraun fritieren. Vorsicht, Spritzgefahr! Dann herausnehmen und servieren.

Vegetarische Teigtaschen

Braucht etwas Zeit Su Cai Bao Zi

Zutaten fü 12 Stück:
250 g Mehl
$^1/_2$ Päckchen Trockenhefe
50 g Glasnudeln
5 getrocknete Donggu-Pilze
5 g getrocknete Lilienblüten
1 mittelgroßer Chinakohl
(etwa 300 g)
Salz
3 EL Sesamöl
schwarzer Pfeffer, frisch gemahlen
50 g Mehl für die
Arbeitsfläche

Zubereitungszeit: 1 $^1/_2$ Std.

Pro Stück: 490 kJ/120 kcal

1 Mehl in eine Schüssel geben. Hefe in gut $^1/_8$ l lauwarmem Wasser auflösen und dazugeben. Teig gründlich verkneten, bis er glatt und elastisch ist und nicht mehr an den Fingern klebt. Teig mit einem feuchten Tuch bedecken, an einem warmen Ort etwa 20. Min. gehen lassen.

2 Glasnudeln, Donggu-Pilze und Lilienblüten getrennt in warmem Wasser etwa 20 Min. einweichen. Chinakohl waschen und ganz klein schneiden. Leicht salzen, nach etwa 10 Min. die Flüssigkeit abpressen. Glasnudeln, Pilze und Lilienblüten waschen, abtropfen lassen, kleinschneiden und mit Sesamöl unter den Chinakohl mischen, salzen und pfeffern.

3 Teig noch einmal gut durchkneten. Dann auf einer mit Mehl bestäubten Arbeitsfläche zu einer Rolle von etwa 2 cm Durchmesser formen, dann in 12 gleich große Stücke schneiden.

4 Die Teigstücke zu runden Teigplättchen von etwa 8 cm Durchmesser ausrollen. Die Mitte soll dicker als der Rand sein. Die Teigplättchen in eine Hand nehmen und etwas Füllung in der Mitte verteilen. Den Teigrand an einem Ende nach oben ziehen. Den Teig nun in Falten um die Füllung zusammenlegen (siehe Schritt 3, S. 136). Zum Schluß das obere Ende etwas zusammendrehen.

5 In einen Wok 3–4 cm hoch Wasser geben und zum Kochen bringen. Einen Bambusdämpfer mit einem feuchten Tuch auslegen. Die Teigtaschen mit mindestens 2 cm Abstand voneinander hineingeben. Den Dämpfer schließen und vorsichtig auf den Wok stellen. Dann die Teigtaschen bei starker Hitze über dem heißen Dampf etwa 20 Min. dämpfen. Wenn Sie keinen Bambusdämpfer haben, siehe Info S. 50.

SÜSSES

Wenn man im Norden Chinas im Restaurant nach einem mehrgängigen Menü noch ein Dessert bestellen möchte, wie man es in Deutschland gewohnt ist, so wird man meistens enttäuscht. Denn Desserts im eigentlichen Sinne kennt man in der chinesischen Küche nicht. Statt dessen gibt es Süßspeisen verschiedenster Art, die eher »zwischendurch« gegessen werden. So serviert man sie zum Beispiel als kleine Zwischenmahlzeiten oder süße Snacks am Nachmittag oder bietet sie Gästen an, um sie dabei gleich zu überreden, doch zum Abendessen zu bleiben.

An Feiertagen und sonstigen Festtagen gehören Süßspeisen genauso zur Feierlichkeit wie im Westen eine Torte zum Geburtstag. Auch bei Festessen wie zum Beispiel bei einem Hochzeitsbankett darf Süßes nicht fehlen. Es wird dann traditionell zwischen den Gängen serviert. Die gängigen Süßspeisen bestehen aus süßer Bohnenpaste, Lotoskernen, Klebreis oder Früchten. Die hier vorgestellten Süßigkeiten können Sie aber durchaus auch als Dessert servieren, um einem chinesischen Essen einen erfrischenden oder einen eher süßen Ausklang zu geben.

Maishütchen

Sehr süß · Gelingt leicht **Xiao Wo Tou**

Zutaten für 30 Stück:
160 g fein gemahlenes Maismehl
50 g Sojamehl
75–100 g Zucker
(je nach Geschmack)

Zubereitungszeit: 30 Min.

Pro Stück: 150 kJ/36 kcal

1 Das Mais- und Sojamehl mit dem Zucker in einer Schüssel mischen. Etwa 100 ml lauwarmes Wasser dazugeben. Alles 6–7 Min. verkneten, bis ein elastischer, glatter Teig entsteht, der nicht an den Fingern klebt.

2 Den Teig zu einer Rolle von etwa 2 cm Durchmesser formen, dann in 30 gleich große Stücke schneiden.

3 Jeweils ein Teigstück in eine Hand nehmen, die andere Hand kurz in kaltes Wasser tauchen, das Teigstück nun einige Male kneten und zu Kugeln formen. Den Zeigefinger noch einmal in kaltes Wasser tauchen. In die Mitte der Kugel ein rundes Loch drücken.

4 Darüber vorsichtig ein spitzes Hütchen formen. Auf diese Weise alle Teigstücke formen.

5 Einen Bambusdämpfer mit einem feuchten Tuch auskleiden, die Maishütchen darauf in einem Abstand von etwa 1 cm anordnen, den Dämpfer schließen. Einen Topf mit ½ l Wasser füllen, dann den Dämpfer darauf setzen. Die Maishütchen bei starker Hitze etwa 10 Min. dämpfen, dann herausnehmen und servieren. Falls Sie keinen Bambusdämpfer haben, siehe Info S. 50.

Info: Hunger ist der beste Koch – auch Kaiser machen da keine Ausnahme. Als die Kaiserwitwe Ci Xi im Jahre 1900 auf der Flucht war, mußte sie aus Hunger die Maisbrötchen, die ihr von einem Bauern angeboten wurden, essen. Dabei haben ihr die Maisbrötchen so gut geschmeckt, daß sie nach der Rückkehr ihren Köchen befahl, ihr diese zuzubereiten. Was nun daraus wurde, war natürlich viel feiner als die Maisbrötchen des Bauern. Daß die Maishütchen, die die Köche Ci Xi's zubereitet haben, aus Kastanienmehl waren, ist nur eine Legende.

Kandierte Äpfel

Aus Peking · Gelingt leicht

Ba Si Ping Guo

Zutaten für 4 Portionen:
1 EL schwarze Sesamsamen
400 g säuerliche, knackige Äpfel
(z.B. Grany Smith)
50 g Speisestärke
2 Eiweiß
¹/₂ l neutrales Pflanzenöl
zum Fritieren
2 EL Sesamöl
100 g Zucker

Zubereitungszeit: 25 Min.

Pro Portion: 1400 kJ/330 kcal

1 Sesamsamen in einem kleinen Topf bei schwacher Hitze etwa 3 Min. unter Rühren rösten, dann herausnehmen. Die Äpfel schälen, von den Kerngehäusen befreien und in etwa 4 cm lange und 2 cm breite, rhombenförmige Stücke schneiden.

2 Speisestärke und Eiweiß in eine Schale geben und gut verrühren. Die Apfelstücke darin wenden, so daß sie ganz überzogen sind.

3 Das Öl in einem Wok oder einem Topf stark erhitzen, bis an einem ins Öl getauchten Holzstäbchen kleine Bläschen aufsteigen. Die Apfelstücke ins heiße Öl geben und etwa 3 Min. fritieren, bis sie goldgelb sind. Vorsicht, Spritzgefahr! Die Äpfel mit einem Schaumlöffel herausnehmen und das Fett abtropfen lassen. Das Öl aus dem Wok gießen.

4 Zuerst das Sesamöl, dann den Zukker in den Wok geben, bei schwacher Hitze unter Rühren heiß werden lassen, bis der Zucker schmilzt. Dabei eventuell immer wieder den Wok vom Herd nehmen, damit die Masse nicht anbrennt.

5 Wenn sich Blasen bilden, die Apfelstücke dazugeben und kurz durchschwenken. Dann die Äpfel auf einen Teller geben und die gerösteten Sesamsamen darüber streuen.

6 Serviert werden die Apfelstücke mit je einem Schälchen kalten Wasser. Die Apfelstücke werden hineingetaucht, bevor man sie ißt. Dadurch sind sie schön knusprig, und die Zuckermasse zieht Fäden.

Getränk: Probieren Sie dazu einmal ein Glas Portwein!

Mandelpudding

Xing Ren Dou Fu

Erfrischend · Gelingt leicht

**Zutaten für eine flache Form von
2 cm Höhe und 25–30 cm Ø,
für 4 Portionen:**
70 g Mandeln
6 g Gelatine (3¹/₂ Blätter)
40 ml Milch
80 g Zucker
40 g Mandarinen (aus der Dose)

**Zubereitungszeit: 20 Min.
(+ 2 Std. Kühlen)**

Pro Portion: 840 kJ/200 kcal

1 Die Mandeln mit warmem Wasser bedeckt etwa 15 Min. einweichen. Inzwischen Gelatine in Wasser einweichen, dann gut ausdrücken. Die Mandeln aus dem Wasser nehmen, die Haut abziehen. Dann die Mandeln zusammen mit 200 ml Wasser im Mixer zu einer milchigen Flüssigkeit mahlen.

2 Die Flüssigkeit durch einen Kaffeefilter filtern und in einen Topf füllen. Milch dazugeben und aufkochen. Die Gelatine einrühren und auflösen. Die Masse in die Form gießen. Den Mandelpudding abkühlen lassen.

3 Den Topf reinigen. Wieder 100 ml Wasser hineingeben und den Zucker untermischen. Das Wasser zum Kochen bringen. Bei schwacher Hitze so lange rühren, bis sich der Zucker gelöst hat. Das Zuckerwasser in eine Schüssel geben und abkühlen lassen.

4 Den Mandelpudding und das Zuckerwasser 1–2 Std. zugedeckt in den Kühlschrank stellen.

5 Den Mandelpudding in Stücke schneiden und zusammen mit den Mandarinenstücken in Schälchen verteilen. Das Zuckerwasser darüber gießen und servieren.

Variante: Falls es schneller gehen soll, können Sie auch statt der Mandeln 6–8 Tropfen Bittermandelaroma verwenden, das man in China nicht kennt. Dazu Gelatine vorbereiten, Milch mit 200 ml Wasser zum Kochen bringen, Gelatine einrühren. Bittermandelaroma untermischen, die Masse in die Form gießen und fortfahren wie beschrieben.

Tip! Dieses Dessert eignet sich gut als Nachtisch nach einer üppigen Mahlzeit und für heiße Tage. Anstelle der Mandarinen können Sie auch andere Früchte, z.B. Ananas, nehmen.

Honigbananen

Gelingt leicht

Dan Bai Xiang Jiao Jia Xian

Zutaten für 4 Portionen:
1 EL schwarze Sesamsamen
4 Bananen
100 g süße Bohnenpaste
30 g Mehl
20–25 g Speisestärke
2 Eiweiß
1 l neutrales Pflanzenöl
zum Fritieren
5 EL Honig

Zubereitungszeit: 30 Min.

Pro Portion: 1700 kJ/400 kcal

1 Backofen auf 70° vorheizen. Sesamsamen in einem kleinen Topf bei schwacher Hitze etwa 3 Min. unter Rühren rösten, dann herausnehmen.

2 Die Bananen schälen, quer halbieren und längs in 1 cm dicke Scheiben schneiden. Je 1 Bananenscheibe mit der Bohnenpaste bestreichen, dann das Gegenstück auf den Aufstrich legen. In Mehl wenden. Die Speisestärke in einem tiefen Teller mit dem Eiweiß gründlich verrühren. Einen Teller zum Vorwärmen in den Ofen (Umluft 50°) stellen.

3 Das Öl im Wok oder in einem Topf erhitzen. Die »Bananen-Sandwiches« durch die mit Eiweiß verrührte Stärke ziehen, etwas abtropfen lassen und nacheinander im Öl in 1–2 Min. goldgelb fritieren. Herausnehmen, kurz abtropfen lassen und auf dem vorgewärmten Teller anrichten. Honig über die Bananen träufeln und die Sesamsamen gleichmäßig darüber streuen. Die Bananen möglichst noch warm servieren.

Tip! Die Bananen sternförmig um eine kandierte Orangenscheibe anrichten.

Kandierte Kartoffelbällchen

Aus Shandong · Gelingt leicht

Ba Si Jin Zao

Zutaten für 20 Stück,
für 4 Portionen:
300 g Kartoffeln, mehligkochend
50 g Mehl
150 g kandierte Früchte
(z.B. Kirschen, Orangeat, Zitronat)
1/2 l neutrales Pflanzenöl
zum Fritieren
2–3 EL Sesamöl
100 g Zucker

Zubereitungszeit: 45 Min.

Pro Portion: 1900 kJ/450 kcal

1 Kartoffeln waschen und schälen. In einem Topf 15–20 Min. zugedeckt kochen, dann abgießen und zerstampfen. Das Mehl dazugeben, zusammen gut verkneten und zu einer Rolle von etwa 4 cm Durchmesser formen. Den Teig in 20 Stücke teilen. Die Teigstücke mit der Handinnenfläche flach und länglich drücken.

2 Die kandierten Früchte fein hacken und in 20 Portionen teilen. Jede Portion auf ein Teigstück legen und vorsichtig zu einem Kartoffelbällchen schließen. Eventuelle Risse im Teig zusammendrücken.

3 Das Öl in einem Wok oder einem Topf stark erhitzen, bis an einem ins Öl getauchten Holzstäbchen kleine Bläschen aufsteigen. Die Kartoffelbällchen ins heiße Öl geben und etwa 3 Min.

fritieren, bis sie goldgelb sind. Vorsicht, Spritzgefahr! Die Bällchen herausnehmen und das Fett abtropfen lassen. Das Öl aus dem Wok gießen.

4 Zuerst das Sesamöl, dann den Zucker in den Wok geben, bei schwacher Hitze unter Rühren erwärmen, bis der Zucker schmilzt. Dabei eventuell immer wieder den Wok vom Herd nehmen, damit die Masse nicht anbrennt.

5 Wenn sich Blasen bilden, die Kartoffelbällchen einzeln hinzugeben und kurz im Karamel wälzen. Dann die Kartoffelbällchen auf einem Teller anrichten. Serviert werden die Kartoffelbällchen mit einem Schälchen kalten Wasser. Sie werden hineingetaucht, bevor man sie ißt. Dadurch sind sie schön knusprig, und die Zuckermasse zieht Fäden.

Dou-Sha-Teigtaschen

Braucht etwas Zeit **Dou Sha Bao**

Zutaten für etwa 20 Stück:
500 g Mehl
20 g Hefe (¹/₂ Würfel)
400 g süße Bohnenpaste

Zubereitungszeit: 1 ¹/₂ Std.
(+ 30 Min. Ruhen)

Pro Stück: 550 kJ/130 kcal

1 Mehl in eine Schüssel geben. Hefe in ¹/₄ l lauwarmem Wasser auflösen und zum Mehl geben. Teig gründlich verkneten und unter einem leicht angefeuchteten Tuch etwa 30 Min. an einem warmen Ort gehen lassen.

2 Teig noch einmal gut durchkneten. Dann zu einer Rolle von etwa 2 ¹/₂ cm Durchmesser formen und anschließend in etwa 20 Stücke teilen. Die Teigstücke in runde Fladen von etwa 10 cm Durchmesser ausrollen. Die Mitte soll etwas dicker als der Rand sein.

3 Je 1 EL süße Bohnenpaste auf die Mitte eines Teigstückes verteilen. Den Teig an einem Ende nach oben ziehen und den Teig nun in Falten über der Füllung zusammenlegen.

4 Dabei den Teig immer wieder etwas nach oben ziehen, so daß er gleichmäßig dick wird. Zum Schluß den Teig oben etwas zusammendrehen.

5 In einem Topf, der ungefähr den gleichen Durchmesser wie der Bambusdämpfer hat, Wasser zum Kochen bringen. Bambusdämpfer mit einem feuchten Tuch auskleiden, die erste Portion Teigtaschen in 2–3 cm Abstand voneinander hineingeben, den Dämpfer verschließen. Den Bambusdämpfer auf den Topf stellen und die Teigtaschen bei starker Hitze 10–12 Min. dämpfen. Mit den restlichen Teigtaschen genauso verfahren. Falls Sie keinen Bambusdämpfer haben, siehe Info S. 50. Die bereits fertigen Taschen zudecken und so warm halten. (Die Taschen dürfen ruhig lauwarm sein.)

Info: Süße Bohnenpaste (Dou Sha) ist aus Rotbohnen und Zucker (oder Kandiszucker) hergestellt. Dabei werden die Bohnen zuerst 1–2 Std. ganz weich gekocht und dann passiert. Die Paste wird meistens als Füllung für Gebäck und süße Speisen verwendet. In fast allen Asien-Läden kann man die süße Bohnenpaste in Dosen kaufen.

Tip! Falls Sie keine süße Bohnenpaste bekommen, nehmen Sie ersatzweise eine Füllung aus 300 g dunklem Sesam, den Sie kurz rösten, dann im Mörser zerstoßen und mit 100 g Zucker mischen. Gut schmeckt auch Mohnpaste als Füllung.

Typische Speisenkombinationen

In China bedeutet Essen auch immer geselliges Beisammensein. Daher wird im Gegensatz zur westlichen Gepflogenheit das Essen auf Serviertellern, deren Größe nach Anzahl der Gäste variieren, in die Mitte des Tisches gestellt. Die Mengenangaben unserer Rezepte sind meistens auf einen Servierteller für zwei oder vier Personen ausgerichtet.

In China kommt in der Regel eine große Anzahl von Personen zum Essen zusammen – seien es Großeltern, Eltern und Kinder zu Hause oder Freunde und Geschäftspartner im Restaurant. Deshalb kann immer eine große Vielfalt von Gerichten serviert werden, die auch ein breites Spektrum von Geschmacksrichtungen abdecken.

Bei festlichen Einladungen werden häufig die angerichteten warmen Speisen zunächst auf einem großen Servierteller präsentiert und danach jedem Gast auf einem kleinen Portionsteller gegeben. In vielen Haushalten und guten Restaurants wird anschließend der Servierteller auf die runde Scheibe in der Mitte des Tisches gestellt, die sich drehen läßt, so daß sich jeder das nehmen kann, was ihm besonders gut schmeckt. Versuchen Sie immer, auch wenn Sie weniger Gäste zum Essen eingeladen haben, verschiedene Geschmacksrichtungen zu kombinieren, wofür wir Ihnen die unten angeführten Vorschläge unterbreiten. Falls Sie Ihr Menü lieber selbst zusammenstellen möchten, geben wir Ihnen einige Tips:

– Folgen Sie der Yin-Yang-Lehre, d. h. dem Prinzip der Harmonie durch gegenseitige Ergänzung bei der Auswahl der Gerichte.
– Die Farben eines jeden Gerichts bzw. das Zusammenspiel der Farben aller Gerichte sollen harmonieren.
– Geschmacksrichtungen sollen nicht eintönig, sondern vielfältig sein, um dem Gaumen eine Abwechslung zu bieten.
– Decken Sie den Tisch in chinesischer Manier, also mit einem kleinen Porzellanteller, einer Schale und Eßstäbchen, ein. Bestimmt werden Sie nach einiger Zeit nicht mehr auf die elegante Nahrungsaufnahme mit Eßstäbchen verzichten wollen. Die chinesische Etikette schreibt vor, das Porzellanschälchen mit einer Hand aufzunehmen und nicht vom auf dem Tisch stehenden zu essen.

– Auch wenn Sie nur über ein Huhn und wenige Zutaten verfügen, sollten Sie das Huhn aufteilen und in Kombination und Zubereitung variieren.
– Besonders stilecht ist das Auftragen einer leichten Suppe am Ende einer Mahlzeit. Probieren Sie es einmal aus! Als Dessert haben wir manchmal Früchte oder auch Eis vorgeschlagen. Da sie sonst nicht im Buch erwähnt wurden, haben wir sie mit einem * versehen.

Ganz einfach für zwei:
Nudeln mit Fleischsauce 124
Geschmorte Auberginen 102
Tofu-Eintopf 98
Lammfleisch mit Lauch 67
Schweinefilet mit Koriander 75
Eierblumensuppe 117

Gut vorzubereiten:
Scharfe Bambussprossen 34
Süßsaures Schweinefleisch 73
Gebratener Stangensellerie 104
Eierblumensuppe 117
Frisches Obst*

Garnelen mit Chinakohl 30
Huhn mit schwarzen Bohnen 58
Bohnen mit Knoblauch 101
Suppe mit Zha Cai 117
Vanilleeis*

Hühnerstreifen mit Senf 30
Garnelen mit Paprika 82
Bohnensprossen mit Essig 106
Suppe mit Donggu-Pilzen 113
Honigbananen 135

Kombinationen für 4 Personen:
Tofu mit Lauch 101
Süßsaures Schweinefleisch 73
Garnelen mit Paprika 82
Sauerscharfe Suppe 114
Kandierte Äpfel 132

Gebratener Stangensellerie 104
Gebratenes Schweinefleisch 74
Forelle in Essigsauce 87
Suppe mit Donggu-Pilzen 113
Kandierte Kartoffelbällchen 135

Süßscharfer Chinakohl 38
Huhn mit Donggu-Pilzen 54
Bohnensprossen mit Essig 106
Suppe mit Zha Cai 117
Kandierte Äpfel 132

Süßscharfer Chinakohl 38
Gefüllte Tofu-Kästchen 94
Schweinebauch mit Mandeln 73
Sauerscharfe Suppe 114
Mandelpudding 133

Einfache Kombination für 3–4 Personen:
Scharfe Bambussprossen 34
Bohnensprossen mit Essig 106
Schweinefilet mit Koriander 75
Eierblumensuppe 117

Kombination für 6 Personen:
Süßscharfer Chinakohl 38
Glasierte Walnüsse 35
Geschmorte Auberginen 102
Huhn mit schwarzen Bohnen 58
Forelle in Essigsauce 87
»San-Xian«-Suppe 110
Kandierte Äpfel 132

Kombination für 8 Personen:
Huhn mit Glasnudeln 33
Garnelen mit Chinakohl 30
Gekochte Donggu-Pilze 36
Bohnen mit Knoblauch 101
Geröstetes Rinderfilet 70
Hühnerbrust mit Ananas 60
Reiskrusten mit Garnelen 80
Suppe mit Donggu-Pilzen 113

Buffet für 8–10 Personen:
Rindfleisch mit 5 Gewürzen 29
Hühnerstreifen mit Senf 30
Süßscharfer Chinakohl 38
Teeblatt-Eier 36
Kross gebratene Ente 49
Hähnchen Shandonger Art 50
Garnelen mit Paprika 82
Bohnen mit Knoblauch 101
Teigtaschen mit Füllung 120
Maishütchen 130
Gefüllte Teigtäschchen 124
Mandelpudding 133

Vegetarisch für zwei:
Gefüllte Tofu-Kästchen 94
Eierblumensuppe 117
Kandierte Äpfel 132

Vegetarisch für 4 Personen:
Süßscharfer Chinakohl 38
Geschmorte Auberginen 102
Tofu mit Lauch 101
Bohnen mit Knoblauch 101
Eierblumensuppe 117
Honigbananen 135

Vegetarisch für 8 Personen:
Scharfe Bambussprossen 34
Teeblatt-Eier 36
Gekochte Donggu-Pilze 36
Eier mit Gurke und Pilzen 96
Gefüllte Tofu-Kästchen 94
Silbermorcheln mit Gemüse 103
Geschmorte Auberginen 102
Eierblumensuppe 117
Frisches Obst, z. B. Mandarinen*

Kombinationen im Frühling:
Süßsaure Gurken 101
Entenfleisch mit Fu-Zhu 46
Reiskrusten mit Garnelen 80
Bohnensprossen mit Essig 106
»San-Xian«-Suppe 110
Gefüllte Teigtäschchen 124

Scharfe Bambussprossen 34
Tofu mit Pinienkernen 98
Schweinefilet mit Koriander 75
Gebratener Stangensellerie 104
Suppe mit Donggu-Pilzen 113
Kandierte Kartoffelbällchen 135

Kombinationen im Sommer:
Huhn mit Glasnudeln 33
Lammspießchen 66
Scharfe Hähnchenflügel 53
Maishütchen 130
Mandelpudding 133

Schweinebauch mit Knoblauch 28
Entenfleisch mit Fu-Zhu 46
Scharfes Rinderfilet 68
Geschmorte Auberginen 102
Suppe mit Zha Cai 117
Wassermelone*

Kombinationen im Herbst:
Hühnerstreifen mit Senf 30
Ente in Schilfblättern 45
Lammfleisch mit Sesam 64
Süßsaure Gurken 101
Suppe mit Donggu-Pilzen 113
Frisches Obst, z. B. Äpfel*

Glasierte Walnüsse 35
Huhn mit Kastanien 52
Karpfen süßsauer 85
Bohnen mit Knoblauch 101
Haifischflossensuppe 112
Honigmelone*

Kombinationen im Winter:
Feuertopf 62
Kandierte Äpfel 132

Süßscharfer Chinakohl 38
Lammfleisch mit Lauch 67
Schweineschmorbauch 71
Tofu-Eintopf 98
Sauerscharfe Suppe 114
Kandierte Kartoffeln 135

Festessen für 8 Personen:
Huhn mit Glasnudeln 33
Scharfe Bambussprossen 34
Gekochte Donggu-Pilze 36
Kross gebratene Ente 49
Hühnerfleisch mit Walnüssen 49
Garnelen in Sojasauce 82
Tofu mit Pinienkernen 98
Silbermorcheln mit Gemüse 103
Haifischflossensuppe 112
Honigbananen 135

Festliche Speisenkombinationen:

Frühlingsfest
Huhn mit Glasnudeln 33
Scharfe Bambussprossen 34
Peking-Ente 42
Silbermorcheln mit Gemüse 103
»San-Xian«-Suppe 110
Teigtaschen mit Füllung 120
Kandierte Äpfel 132

Mondfest
Rindfleisch mit 5 Gewürzen 29
Garnelen mit Chinakohl 30
Ente in Schilfblättern 45
Schweineschmorbauch 71
Tintenfischröllchen 90
Bohnen mit Knoblauch 101
Süßsaure Gurken 101
»San-Xian«-Suppe 110
Honigbananen 135

Geburtstagsessen:
Kross gebratene Ente 49
Gebratene San-Xian-Nudeln 122
Silbermorcheln mit Gemüse 103
Reiskrusten mit Garnelen 80
Haifischflossensuppe 112
Honigbananen 135

Glossar

»Acht Kostbarkeiten«: Bezeichnet keine festgelegten Zutaten, sondern nicht alltägliche, feine Ingredienzen wie z.B. Garnelen, Bambussprossen, Donggu-Pilze, Lotoskerne oder auch Ginkgobaumfrüchte.

Bambusdämpfer: Wichtiges Utensil der chinesischen Küche. Es sind runde Körbe mit einem Boden aus Bambusgeflecht und einem Deckel aus Bambus, die beim → Dämpfen auf einen → Wok gestellt werden. In verschiedenen Größen in Asien-Läden zu kaufen.

Bambussprossen: Die Sprößlinge der Bambuspflanze, je nach Jahreszeit Frühlings- oder Winterbambussprossen.

Bohnenpaste: Es gibt grundsätzlich zwei Arten von Bohnenpasten. Die süße Bohnenpaste (Dou Sha) aus Rotbohnen und Zucker wird meistens als Füllung für Gebäck und süße Speisen verwendet; die salzige Bohnenpaste besteht aus fermentierten Sojabohnen oder Dickbohnen. Dazu kommen Weizenmehl und Gewürze. Die salzige Paste wird als Würzmittel verwendet und je nach Farbe dunkle und helle (gelbe) Bohnenpaste genannt.

Bohnensprossen: Enthalten zahlreiche Proteine und Vitamine. Man unterscheidet Mungobohnensprossen (Lü Dou Ya) und Sojabohnensprossen (Huang Dou Ya). In Nordchina werden meist Mungobohnensprossen verwendet, die sowohl als Rohkost als auch kurz gebraten als Gemüse gereicht werden. S. 106

Braten: Pfannenrühren, zumeist unter großer Hitzezufuhr → Garmethoden.

Chao: Eine der wichtigsten → Garmethoden in der chinesischen Küche, die wir mit »braten« übersetzt haben. Bei dieser Garmethode werden die Zutaten im Wok ständig gerührt. So sind sie schnell gar und bleiben dennoch zart bzw. knackig.

Chilisauce: Eine sehr scharfe Sauce basierend auf Chilischoten, die in erster Linie als Tischwürze verwendet wird.

Chinakohl: Vielleicht das wichtigste Gemüse Nordchinas. Es ist vielseitig verwendbar und eignet sich sehr gut zum Einlegen, aber ebensogut zum Dünsten oder Braten. Es läßt sich außerdem mit unzähligen Zutaten kombinieren. S. 39

Dämpfen: Eine in der chinesischen Küche sehr verbreitete Zubereitungsmethode. Am besten gelingt es in → Bambusdämpfern. Beim Dämpfen stellt man den Bambusdämpfer auf einen → Wok mit kochendem Wasser, und die Zutaten werden dann über dem heißen Dampf gegart. Man kann auch mehrere Bambusdämpfer übereinanderstapeln und verschiedene Zutaten gleichzeitig dämpfen. Meist haben Woks einen Dämpfereinsatz aus Metall, auf den man Teller oder Schüsseln stellen kann. Notfalls kann man auch eine umgedrehte Tasse in einen großen Topf stellen, den man 3–4 cm hoch mit Wasser füllt. Anschließend wird der Teller mit den Zutaten auf die umgedrehte Tasse gestellt und das Gericht so zugedeckt gedämpft.

Donggu-Pilze: In Europa eher unter dem japanischen Namen »Shiitake-Pilze« bekannt. In Deutschland auch als Tongku-Pilze bezeichnet. Sie sind eine der beliebtesten Zutaten der chinesischen Küche. Donggu-Pilze werden zumeist getrocknet angeboten. Daher muß man sie zunächst etwa 10 Min. in warmem Wasser einweichen. S. 54

Eingelegte Enteneier: Sie sind teilweise unter dem chinesischen Namen »Song Hua Dan« bekannt und eine beliebte Vorspeise.

Essig: Es gibt hellen und den häufiger verwendeten dunklen Essig, der aus Reis hergestellt wird. Er ist milder als europäische Essigsorten.

Eßstäbchen: Sie können aus den verschiedensten Materialien gefertigt sein z.B. aus Holz, Bambus, Kunststoff, Stahl, Silber oder Elfenbein. Häufig werden in einfachen Restaurants Hygiene-Eßstäbchen gereicht, d.h. ein zusammenhängendes Paar Bambus-Eßstäbchen, das Unbenutztheit garantiert und vor Verwendung auseinandergebrochen werden muß. Im Gegensatz zu japanischen und koreanischen Eßstäbchen sind die chinesischen länger und nicht so spitz zulaufend.

Fermentierte schwarze Bohnen: Sind ein beliebtes Würzmittel für Fisch, Geflügel und Fleisch. S. 59

Feuertopf: Wichtiges Tischkochgreät der nordchinesischen Küche.

Frühlingsrolle: Fritierte dünne Teigblätter mit einer Füllung aus Fleisch und/oder Gemüse, als süße Variante auch mit süßer → Bohnenpaste. Der Name rührt von der Bereitung der Rollen zum Frühlingsfest, dem chinesischen Neujahr her.

Frühlingszwiebeln: Eine Grundzutat der nordchinesischen Küche, sie werden in der Regel mit Ingwer fein gehackt, dann kurz in Öl angebraten und verhelfen jedem Gericht zu kräftiger Würze.

Fünf-Gewürz-Pulver: Gängige Gewürzmischung aus Sichuan-Pfeffer, Fenchel, Sternanis, Gewürznelken und Zimt.

Fu-Zhu: Getrocknete Haut der Sojamilch. Sie wird in Asienläden als flache Folie oder gerollte Stäbchen angeboten. S. 47

Garmethoden: Für die Zubereitung von Rind-, Lamm- und Hammelgerichten wurden in Nordchina spezielle Garmethoden entwickelt oder der mongolischen Küche entlehnt. Die drei typischen sind »bao«, »shuan« und »kao«.

Unter »bao« versteht man eine Zubereitungsart mit sehr kurzer Garzeit bei extrem großer Hitze, wodurch die Zutaten besonders knackig werden. Es gibt 5 Unterkategorien von »bao«: »youbao« (u.a. mit Stärke marinierte Zutaten kurz in kochendem Wasser sprudelnd kochen und anschließend in heißem Öl braten), »yanbao« (wie »youbao«, nur wird der Marinade keine Stärke hinzugefügt, dafür aber reichlich Koriander, vgl. Tintenfischröllchen S. 90 oder Schweinefilet mit Koriander S. 75), »congbao« (wie »yanbao«, nur wird der Koriander durch Lauch und Knoblauch ersetzt, vgl. Lammfleisch mit Lauch S. 67), »jiangbao« (das Fleisch wird zuerst in heller Sojabohnenpaste und Gewürz mariniert und anschließend in heißem Öl gebraten, vgl. Hühnerfleisch mit Walnüssen S. 49) und »shuibao« (das bedeutet, etwas kurz in kochend heißem Wasser garen). »Shuan« schließlich heißt, feingeschnittene Zutaten in köchelnder Brühe garen (vgl. Feuertopf S. 62). »Kao« bedeutet grillen und eignet sich besonders für die Zubereitung kleiner Lammspieße (vgl. Lammspießchen S. 66).

Gefüllte Teigtäschchen: Chinesisch »Jiaozi«. Sie sind eine typische Beilage in der nordchinesischen Küche und auch bei Europäern äußerst beliebt.

Glasnudeln: Werden meist aus Mungobohnenstärke, aber auch aus Saubohnenstärke hergestellt. S. 33

Haifischflossen: Es gibt unterschiedliche Arten von Haifischflossen. In der Regel wird der getrocknete Knorpel der Flosse verwendet, der vor Gebrauch über Nacht eingeweicht wird. In europäischen China-Restaurants findet man Haifischflossen als Zutat nur in Suppen.

Hoisin-Sauce: Würzsauce aus gesalzenen Sojabohnen, Wasser, Essig, Zucker, Knoblauch, Sesamsamen, Weizenmehl und rotem Reis, der die intensive Färbung bewirkt. »Hoisin« ist die kantonesische Aussprache, die sich auf dem europäischen Markt durchgesetzt hat.

Ingwer: Neben Frühlingszwiebel, Knoblauch und Lauch ist er die wichtigste Würzzutat der nordchinesischen Küche, besonders bei Fisch ist er unentbehrlich. Sie sollten stets frischen Ingwer verwenden, keinen pulverisierten!

Knoblauch: Wurde schon zu frühgeschichtlicher Zeit verwendet. Neben Frühlingszwiebel und Lauch beliebteste Zutat zur starken Würzung. Er wird auch eingelegt, z.B. in Essig und Zucker, in der Provinz Shandong ißt man ihn sogar roh.

Knolau: Auch Chinesischer Schnittlauch oder Schnittknoblauch genannt. Er ist mit dem hiesigen Schnittlauch verwandt, jedoch wesentlich intensiver im Geschmack. Man nimmt ihn z. B. als Zutat für die Füllung von Teigtäschchen her.

Koriander: Er wird als ganzer Zweig mitgebraten oder feingehackt auf fertige Gerichte gestreut und verleiht vor allem Lamm- und Schweinefleischgerichten eine intensive Würze.

La Mian: Eine besondere Art der Nudelzubereitung. Dabei wird der Teig aus Weizenmehl und Wasser durch wiederholtes Kneten, Schleudern, Schlagen und Drehen zu langen dünnen Teigwaren verarbeitet.

Lilienblüten: In der vegetarischen Küche besonders beliebt. S. 97

Mantou: Dampfnudeln aus Hefeteig in unzähligen Varianten. Sie können entweder mit Fleisch oder Gemüse oder auch einer Mischung aus beidem gefüllt und zu allen Tageszeiten serviert werden. Besonders beliebt sind sie als Wegzehrung.

Marinieren: Die Zutaten werden vor dem Garen mit bestimmten Gewürzen, zum Beispiel Reiswein, Sojasauce oder Pfeffer vermischt, dann läßt man sie durchziehen, damit sie ein besonderes Aroma oder eine besondere Farbe erhalten.

Mu Er-Pilze: In Deutschland auch Mu Err-Pilze geschrieben, heißen wörtlich übersetzt »Holzohren«. Sie wachsen auf Holzstämmen und werden getrocknet angeboten. Die schwarzen Mu Er-Pilze schmecken mild aromatisch und lassen sich mit vielen Zutaten kombinieren. Die weiße Sorte, »Yin Er« – Silbermorcheln – genannt, ist sehr nahrhaft und gilt als Delikatesse. Diese teuren Pilze werden meist in Süßspeisen verwendet.

Öl: Verwenden Sie am besten Sojaöl oder Erdnußöl, ansonsten Sonnenblumenöl, aber nie Olivenöl, dessen Eigengeschmack überhaupt nicht zur chinesischen Küche paßt. In China wird oft Schweineschmalz wegen seines intensiveren Geschmacks verwendet.

Pak Choi: Kantonesische Aussprache eines frischen Grüngemüses, das mit Chinakohl und Mangold verwandt ist. Es hat dicke weiße Stengel und dunkelgrüne Blätter. Sein spezifischer Eigengeschmack verleiht z.B. Schweinefleischgerichten eine ganz eigene Note.

Reiswein: Auch »Shao Xing-Wein« genannt, nach einem berühmten Herkunftsort in der Provinz Zhejiang. Er wird aus Reis hergestellt und hat die Farbe von Bernstein. Man kann ihn erwärmt oder bei Zimmertemperatur trinken. Er ist auch ein wichtiges Würzmittel in der chinesischen Küche, das notfalls durch einen Sherry Medium Dry ersetzt werden kann.

Rotdatteln: Kleine rötliche, nicht sehr süße Früchte, die in erster Linie für Süßspeisen verwendet werden. Sie spielen auch als Heilmittel in der traditionellen chinesischen Medizin eine große Rolle.

San Xian: Damit bezeichnet man drei besonders feine Zutaten, z.B. Garnelen, Hühnerfleisch und Donggu-Pilze. Die drei Zutaten sind jedoch nicht festgeschrieben.

Schweineschmalz: Es wird in China wegen seines intensiveren Geschmacks oft Öl vorgezogen.

Sesamöl: Wird aus gerösteten Sesamsamen gewonnen und als Würze benutzt.

Sesamsamen: Es gibt helle und schwarze Sesamsamen, die meist für Süßspeisen oder Gebäck verwendet werden.

Sichuan-Pfeffer: Chinesisch »Hua Jiao«, wichtiges Gewürz in der pikanten nordchinesischen Küche. Die Blütenknospen werden wie Pfefferkörner verwendet.

Sojamilch: Wird durch Mahlen und Filtern der eingeweichten und erhitzten Sojabohnen gewonnen.

Sojasauce: Wichtiges Würzmittel der chinesischen Küche. Sie wird durch das Fermentieren einer Mischung aus Sojabohnen, Salz, geröstetem Weizen und Hefe gewonnen. Es gibt helle und dunkle Sojasauce, wobei das nur eine Bezeichnung ist. In der Farbe unterscheiden sie sich nämlich kaum. Erstere bewahrt die ursprüngliche Farbe der Zutaten, letztere verleiht den Gerichten einen sehr intensiven Geschmack. Scharfe Sojasauce enthält zusätzlich Chilischoten.

Speisestärke: In Nordchina wird Mais- oder auch Kartoffelstärke benutzt. Sie wird zusammen mit Eiweiß oder/und Wasser, manchmal auch einem Schuß Reiswein zu einer dick- oder dünnflüssigen Masse vermischt, dann werden die Zutaten mit der Masse überzogen. Zutaten mit der dickflüssigen Masse werden

knusprig fritiert, während Zutaten mit der dünnflüssigen Masse meist in heißem Öl gebraten werden, dabei behalten sie ihre Form und bleiben schön zart und saftig. Außerdem wird die Stärke auch mit Wasser angerührt und zum Binden verwendet, damit die Sauce die Zutaten gleichmäßig umhüllt.

Sternanis: Sehr intensiv schmeckende Anisart. Seinen Namen erhielt das asiatische Gewürz, deshalb weil die Sammelfrucht aus 5–8 rot-braunen, sternartig um eine Mittelachse angeordneten Teilfrüchten besteht. Sternanis kommt überwiegend geschrotet oder gemahlen in den Handel.

Teigfladen: Auf Chinesisch u.a. auch »Jian Bing« oder »Lao Bing« genannt, werden in Nordchina sehr gerne gegessen. Sie werden aus Weizenmehl und Wasser oder auch Hefeteig zubereitet. In Shandong ißt man Teigfladen besonders gern mit Lauch eingewickelt.

Tian Mian Jiang: Wichtige Zutat für die Peking-Ente. Diese Würzsauce besteht aus Sojabohnen, Zucker, Weizenmehl und Wasser.

Tofu: Japanische Aussprache des chinesischen Wortes »Dou Fu«, die sich im Westen durchgesetzt hat. Tofu wird aus geronnener Sojamilch gewonnen, deren Flüssigkeitsanteil reduziert wird, und kann zu zahlreichen Produkten weiterverarbeitet werden. Er ist ein unverzichtbarer Bestandteil der vegetarischen Küche.

Wok: Ideales Küchengerät zur Zubereitung chinesischer Gerichte. Früher, als die Woks zum Kochen auf offenem Feuer verwendet wurden, hatten alle einen runden Boden. Heute gibt es auch Woks mit abgeflachtem Boden für Elektroherde sowie Tischwoks, die wie der Fonduetopf in der Mitte des Eßtisches stehen und elektrisch oder mit einem

Rechaud beheizt werden. Der Wok sollte zuerst erhitzt, dann mit etwas kaltem Öl bestrichen und dann erneut erhitzt werden. Erst dann das restliche Öl dazugeben und mit dem Garen der Zutaten beginnen, denn nun haften auch mit Speisestärke panierte Zutaten nicht an. Als Ersatz für den Wok eignet sich eine gußeiserne Pfanne.

Zha Cai: Eingelegtes Gemüse, meist Rettichknollen mit Salz, Chili und anderen Gewürzen.

Die Temperaturstufen bei Gasherden
variieren von Hersteller zu Hersteller. Welche Stufe Ihres Herdes der jeweils angegebenen Temperatur entspricht, entnehmen Sie bitte der Gebrauchsanweisung.

Abkürzungen:

TL	=	Teelöffel
EL	=	Eßlöffel
Msp.	=	Messerspitze
kJ	=	Kilojoule
kcal	=	Kilokalorie

Rezept- und Sachregister

Äpfel, Kandierte Äpfel 132
Auberginen, Geschmorte Auberginen 102

Bambussprossen,
    Scharfe Bambussprossen 34
Bananen, Honigbananen 135
»Bao-Bao«-Huhn 57
Bohnen mit Knoblauch 101
Bohnen, Fermentierte Bohnen 59
Bohnensprossen (Produktinfo) 106
Bohnensprossen mit Essig 106

Chinakohl (Produktinfo) 39
Chinakohl, Süßscharfer Chinakohl 38

Donggu-Pilze (Produktinfo) 54
Donggu-Pilze, Gekochte Donggu-Pilze 36
Dou-Sha-Teigtaschen 136

Eier mit Gurke und Pilzen 96
Eier, Teeblatt-Eier 36
Eierblumensuppe 117
Ente in Schilfblättern 45
Ente, Kross gebratene Ente 49
Ente, Peking-Ente 42
Entenfleisch mit Fu-Zhu 46

Fermentierte Bohnen (Produktinfo) 59
Feuertopf 62
Fischwürfel, Gebratene Fischwürfel 89
Forelle in Essigsauce 87
Forelle mit Ingwerstreifen 89
Frühlingsrollen 126
Fu-Zhu (Produktinfo) 47

Garnelen in Sojasauce 82
Garnelen mit Chinakohl 30
Garnelen mit Paprika 82
Gebratene »San-Xian«-Nudeln 122
Gebratene Fischwürfel 89
Gebratener Stangensellerie 104
Gebratenes Schweinefleisch 74
Gefüllte Teigtäschchen 124
Gefüllte Tofu-Kästchen 94
Gekochte Donggu-Pilze 36
Geröstetes Rinderfilet 70
Geschmorte Auberginen 102
Geschmorter Karpfen 86

Glasierte Walnüsse 35
Glasnudeln (Produktinfo) 33

Hähnchen Shandonger Art 50
Hähnchenflügel,
    Scharfe Hähnchenflügel 53
Haifischflossensuppe 112
Honigbananen 135
Huhn mit Donggu-Pilzen 54
Huhn mit Glasnudeln 33
Huhn mit Kastanien 52
Huhn mit schwarzen Bohnen 58
Huhn, »Bao-Bao«-Huhn 57
Hühnerbrust mit Ananas 60
Hühnerbrust mit Walnüssen 49
Hühnerstreifen mit Senf 30

Kandierte Äpfel 132
Kandierte Kartoffelbällchen 135
Karpfen süßsauer 85
Karpfen, Geschmorter Karpfen 86
Kartoffelbällchen,
    Kandierte Kartoffelbällchen 135
Kartoffelstreifen,
    Scharfe Kartoffelstreifen 104
Kross gebratene Ente 49

Lammfleisch mit Lauch 67
Lammfleisch mit Sesam 64
Lammspießchen 66
Lilienblüten (Produktinfo) 97

Maishütchen 130
Mandelpudding 133

Nudeln mit Fleischsauce 124
Nudeln, Gebratene San-Xian-Nudeln 122

Peking-Ente 42
Pudding, Mandelpudding 133

Reiskrusten mit Garnelen 80
Rinderfilet, Geröstetes Rinderfilet 70
Rinderfilet, Scharfes Rinderfilet 68
Rindfleisch mit 5 Gewürzen 29

»San-Xian-Suppe« 110
Sauerscharfe Suppe 114
Scharfe Bambussprossen 34

Scharfe Hähnchenflügel 53
Scharfe Kartoffelstreifen 104
Scharfes Rinderfilet 68
Schwein mit Knoblauch 28
Schweinebauch mit Mandeln 73
Schweinefilet mit Koriander 75
Schweinefleisch,
    Gebratenes Schweinefleisch 74
Schweinefleisch,
    Süßsaures Schweinefleisch 73
Schweinefleischklöße 76
Schweineschmorbauch 71
Silbermorcheln mit Gemüse 103
Stangensellerie,
    Gebratener Stangensellerie 104
Stubenküken mit Paprika 60
Suppe mit Donggu-Pilzen 113
Suppe mit Zha Cai 117
Süßsaure Gurken 101
Süßsaures Schweinefleisch 73
Süßscharfer Chinakohl 38

Teeblatt-Eier 36
Teigtäschchen,
    Gefüllte Teigtäschchen 124
Teigtaschen mit Füllung 120
Teigtaschen, Dou-Sha-Teigtaschen 136
Teigtaschen,
    Vegetarische Teigtaschen 127
Tintenfischröllchen 90
Tofu mit Knoblauch 101
Tofu mit Pinienkernen 98
Tofu-Eintopf 98
Tofukästchen, Gefüllte Tofu-Kästchen 94

Vegetarische Teigtaschen 127

Walnüsse, Glasierte Walnüsse 35

Widmung
für Kwei Yin Yang

als Dank für ihre stete Ermunterung und wertvolle Mitwirkung.

Umschlag-Vorderseite: Das Bild zeigt eine Peking-Ente (S. 42).
Die Bilder ohne Bildunterschrift zeigen: Die Fotos auf S. 4/5 von oben im Uhrzeigersinn: Einen Rübenverkäufer in einer Straße in Peking (Bild 1), Kinder beim Spielen im Regen (Bild 2), einen Plakatmaler (Bild 3), Touristen in Gewändern aus dem letzten Jahrhundert in der Verbotenen Stadt (Bild 4), ein Kind vor Gebetstrommeln des lamaistischen Tempels in Chengde (Bild 5), einen Meister und seine Schülerin bei Körperübungen mit dem Schwert (Bild 6), Musiker vor der Großen Mauer (Bild 7).
Das Foto auf S. 8/9 zeigt die große Mauer.
Umschlag-Rückseite: Das Bild zeigt Fahrradfahrer im Pekinger Stadtverkehr.

Thomas Gwinner

Thomas Gwinner, Jahrgang 1960, studierte Klassisches Chinesisch, Modernes Chinesisch und Ostasiatische Kunstgeschichte. Schon früh galt sein Interesse der ostasiatischen Küche, was sich während mehrjähriger Auslandsaufenthalte in China, Taiwan, Hong Kong, Korea und Japan noch verstärkte. Seine Magisterarbeit schrieb Thomas Gwinner über Tofu und promovierte danach über die klassische Kochbuchliteratur Chinas. Er verfügt darüber hinaus über eine kaufmännische Ausbildung und ist als Verkaufsleiter in einem internationalen Wissenschaftsverlag tätig.

Zhenhuan Zhang

Zhenhuan Zhang, geboren 1951 in Shanghai, studierte dort Germanistik und war als Dozent an der Fremdsprachenhochschule Shanghai tätig. Seit seiner Promotion an der Universität Heidelberg lehrt Herr Zhang Modernes Chinesisch im Fachbereich angewandte Sprachwissenschaft an der Universität Mainz in Germersheim. Für dieses Buch hat Herr Zhang nicht nur berühmte nordchinesische Rezepte gesammelt, sondern auch beliebte Rezepte aus seinem Freundeskreis eingebracht.

Michael Brauner, Food Fotografie

Nach Abschluß der Fotoschule in Berlin arbeitete Michael Brauner als Fotoassistent bei namhaften Fotografen in Frankreich und Deutschland und machte sich dann 1984 selbständig. Sein individueller, atmosphärenreicher Stil ist überall geschätzt: in der Werbung sowie bei vielen bekannten Verlagen. In seinen Studios in Karlsruhe und Gordes (Provence) setzt er die Rezepte vieler Titel der Reihe »Küchen der Welt« stimmungsvoll ins Bild.

Zhenran Zhang

Zhenran Zhang wurde 1957 in Shanghai geboren. Er beschäftigt sich seit mehr als 20 Jahren mit der chinesischen Kalligraphie und Malerei. Seine Bilder und Kalligraphien wurden in China und im Ausland, u. a. auch in Deutschland ausgestellt.

Bildnachweis

Titelbild und Rezeptfotos:
Michael Brauner, Food Fotografie
Die Fotografen der Bilder im Inhaltsverzeichnis, des Kapitels »Land & Leute laden ein...« und der Produktinformationen: Michael Brauner, Food Fotografie, Karlsruhe: S. 33, 39, 47, 54, 97, 106
Peter Fischer, Krefeld: S. 22 (oben), 25
Uli Franz/jd, München: S. 15 (oben), 16, 17, 18 (unten), 24
Axel Krause, laif, Köln: Rückseite
Marianne Obermayr, München:
S. 4/5 (Bild 1)
Erhard Pansegrau, Berlin: S. 4/5 (Bild 3), 8/9, 10
Ina Schröter, München: S. 4 (Bild 2), 13 (oben), 18 (oben)
Paul Spierenburg, Kiel: S. 4/5 (Bild 7), 11 (oben), 12, 14, 15 (unten), 21
Martin Thomas, Aachen: S. 4/5 (Bild 4, 5, 6), 11 (unten), 13 (unten), 19, 20, 22 (unten), 23

Für freundliche Unterstützung danken wir dem Geschäftsführer des China-Restaurants »Shanghai« in Heidelberg, Herrn Lao Kooi Cheng, und seinem Chefkoch, Herrn Chao Ping.

Impressum

© 1995 Gräfe und Unzer Verlag GmbH, München.
Alle Rechte vorbehalten. Nachdruck, auch auszugsweise, sowie Verbreitung durch Film, Funk und Fernsehen, durch fotomechanische Wiedergabe, Tonträger und Datenverarbeitungssysteme jeder Art nur mit Genehmigung des Verlages.

Redaktion: Dr. Stephanie von Werz-Kovacs
Lektorat: Angela Hermann
Versuchsküche: Traute Hatterscheid, Barbara Hagmann, Dorothea Henghuber, Christa Konrad-Seiter, Marianne Obermayr
Illustrationen: Zhenran Zhang
Rezeptfotos: Michael Brauner, Food Fotografie, Karlsruhe
Herstellung: VerlagsService Neuberger & Schaumann GmbH, Heimstetten
Gestaltung: Konstantin Kern
Reproduktion: Fotolito Longo, Bozen
Druck und Bindung: A. Mondadori Editore, Verona
ISBN 3–7742–2340–8
Auflage   5   4   3   2   1
Jahr   99 98 97 96 95